Heimatkunde

Alles über Sachsen-Anhalt

Band 2

W0072710

Text: Heiko Kreft
Grafik: Luis F. Masallera

HINSTORFF

Inhalt

Altmark 4

Backstein 8

Börde 12

Energie 16

Eulenspiegel 20

Film 24

FKK 26

Harz 28

Hochzeit 32

Irrtümer 34

Jagd...................................36

Kaffee 40

Karneval 44

Luther.................................48

Mansfelder Land 52

Meteorologie 56

Militär 60

Nahverkehr 62

Originale 66

Post 70

Radsport 72

Saalekreis 76

Schätze 80

Schulen 84

Schwimmen 88

Seilbahnen 90

Seltsame Gesetze 92

Spielzeug 96

Sterne 98

Superhirne 102

Theater 106

Trachten 108

Unstrut-Region 110

Unternehmer 114

Wappen 118

Weihnachten 120

Zirkus & Rummel 122

Zucker 124

Altmark

Aus Sachsen-Anhalts nördlichstem Landstrich stammt mit dem „Garley"-Bier die älteste Produktmarke der Welt. Zudem gibt es in der Altmark die weltweit höchste Konzentration von Hansestädten.

 Die Altmark wird schon seit alters her als „alt" bezeichnet.

Bereits vor rund 700 Jahren war der geografische Begriff gebräuchlich. Als „Antiqua Marchia" bezeichnete man aber ursprünglich nur die direkte Umgebung von Stendal. Erst um 1320 kamen dann weitere Gebiete und Orte hinzu. Seitdem gehören auch Tangermünde, Salzwedel, Gardelegen und Osterburg zur Altmark.

 Brandenburg und das Land Preußen verdanken der Altmark eine Menge.

Der aus der Altmark stammende Reichskanzler Otto von Bismarck sah in seiner Heimat die Wiege Brandenburgs und Preußens. Nicht ganz zu Unrecht: Von der linkselbischen Altmark aus wurde Brandenburg besiedelt und am 3. Oktober 1157 titulierte sich Albrecht der Bär im altmärkischen Werben erstmals selbst als „Markgraf in Brandenburg".

Zu welchem Land die Altmark gehörte, änderte sich in der Geschichte öfter.

Dass die Altmark heute Teil Sachsen-Anhalts ist und nicht des historisch eigentlich näher liegenden Brandenburgs, ist eine Folge des Wiener Kongresses von 1815. Nach dem Ende der napoleonischen Kriege wurden die Grenzen in Europa neu gezogen. Die Altmark ordnete man der preußischen Provinz Sachsen zu und trennte sie so vom „Mutterland" Mark Brandenburg. Nach der Wende in der DDR gab es 1990 den Plan, die Altmark mit der Brandenburg „wiederzuvereinen": in einem gemeinsamen Nordost-Staat, der die heutigen Bundesländer Mecklenburg-Vorpommern, Berlin und Brandenburg umfassen sollte.

Unter der Altmark schlummert ein gewaltiger Schatz.

In der Region befindet sich eine der größten Erdgaslagerstätten Europas. Auf einer Fläche von etwa 2.000 Quadratkilometern wurden seit 1968 rund 210 Milliarden Kubikmeter Gas abgepumpt. Auch heute gibt es noch jede Menge fördernswerte Vorkommen. Kein Wunder also, dass in der Altmark auch das tiefste Loch des Bundeslandes ist. Die Bohrung mit dem romantischen Namen „Wittenberge 7Eh/75" liegt südlich der Elbe bei Wittenberge und damit auf dem Hoheitsgebiet Sachsen-Anhalts. Exakt 5.242 Meter und 50 Zentimeter geht es dort hinab.

5 **Von wegen gewöhnlich: Aus Chlorella vulgaris wird in Klötze etwas Besonderes.**

In der Altmarkgemeinde produziert eine weltweit einmalige Anlage Algen. Ab 1999 wurde auf einer 1,2 Hektar großen Fläche eine gigantische Fabrikationsstätte errichtet. Herzstück ist eine 500 Kilometer lange Glasröhre, in der rund 600.000 Liter Algen wachsen. Das Besondere an der Produktion in Klötze ist die patentierte Glasröhrentechnologie. Während Algen in Südostasien und den USA traditionell in offenen Teichen gezüchtet werden, gelingt der Anbau in Sachsen-Anhalt erstmals unter hervorragenden hygienischen Bedingungen. Bei „Chlorella vulgaris" („Gewöhnliche Grünalge") handelt es sich um eine vielseitig einsetzbare Mikroalge, die besonders reich an Chlorophyll und Proteinen ist. Gerade der hohe Eiweißgehalt macht die kleine Wasserpflanze zur großen Wunderpflanze. In den Augen ihrer Befürworter hat sie sogar das Zeug dazu, künftig ein wichtiges Nahrungsmittel

zu sein. Bei zunehmender Überbevölkerung auf der Welt könnten Algen die Ernährung vieler Millionen Menschen sicherstellen – nicht nur wegen ihres hohen Energiegehaltes, sondern auch auf Grund ihres enorm schnellen Wachstums. Alle 16 bis 20 Stunden spalten sich Algenzellen in jeweils vier neue auf. Damit ist auf sehr wenig Anbaufläche sehr viel Ertrag möglich. Schon heute dienen die in Klötze geernteten Algen vorrangig zum Essen. In Pulverform werden sie unter anderem nach Frankreich und Malaysia exportiert. In Hilmsen, einem Nachbarort von Klötze, produziert eine Nudelmanufaktur Algennudeln. Sogar das beliebte Waffelbrot „Filinchen" gibt es mittlerweile in einer altmärkischen Algen-Edition – mit zwei eingebackenen grünen Streifen. Zukunftsmusik ist hingegen noch der Einsatz der Algen bei der Produktion von Biosprit. Der umweltfreundliche Treibstoff ist nicht nur theoretisch aus Algen produzierbar. Apropos umweltfreundlich: Beim Wachsen verbraucht Chlorella vulgaris jede Menge Klimakiller-Gas CO_2.

In der Altmark gibt es das größte Reitroutennetz Europas.

Für Pferde und Menschen, die auf deren Rücken das Glück suchen, ist die Altmark das Paradies auf Erden. Auf insgesamt 1.600 Kilometern Reitwegen kann man sich hier wie im weiten wilden Westen fühlen.

 Sachsen-Anhalts kleinste Stadt liegt in der Altmark.

Sandau hat zwar nur 948 Einwohner, besitzt aber seit 1272 Stadtrecht. Und damit niemand glaubt, es handele sich bei dem kleinen Elbort um ein – jetzt kommt das böse Wort – „Dorf", steht auf allen Ortsschildern „Stadt Sandau". Seit Jahren liefert sich die Gemeinde übrigens ein Kopf-an-Kopf-Rennen mit der Stadt Stößen im Burgenlandkreis. Dort leben manchmal noch weniger Menschen als in Sandau. Im Moment sind es aber exakt dreizehn Seelen mehr.

 In Kalbe werkeln zwei international besonders erfolgreiche Handwerker.

Die Uhrmachermeister Dirk und Dieter Dornblüth produzieren in aufwendiger Handarbeit luxuriöse Armbanduhren. Die Geschichte der gemeinsamen Fabrikation begann 1999 – am 60. Geburtstag des Vaters. Der bekam vom Junior eine selbst entworfene und gebaute Uhr überreicht. Das Geschenk führte zu einem ganz besonderen Geständnis des Jubilars. Was bis zu diesem Zeitpunkt niemand wusste: Vater Dornblüth träumte schon seit exakt 40 Jahren davon, eine eigene Uhrenkollektion zu entwerfen und zu bauen, statt Uhren zu reparieren. Noch auf der Geburtstagsfeier fingen Vater und Sohn mit den Entwürfen für ihre Uhren an. Sie zeichneten sie einfach auf die Servietten der Festtafel. Aus der spontanen Beichte entwickelte sich eine erfolgreiche Geschäftsidee. Die Altmärker verkaufen ihre kostbaren Zeitmesser heute bis nach Japan und in die USA.

Backstein

Backsteinbauten prägen vor allem in den nördlichen Landesteilen das Bild vieler Städte und Dörfer. Auch im Landeswappen prangt deutlich sichtbar eine Backsteinmauer.

 Das Wissen und die Technik des Ziegelbrennens brachten Mönche ins Land.

Die Tradition des Ziegeleihandwerks verdankt Sachsen-Anhalt italienischen Mönchen. Sie kamen zu Beginn des 12. Jahrhunderts aus der Lombardei in die Region – nicht um Backsteinhäuser zu bauen, sondern um ihren christlichen Glauben zu verbreiten.

 Die ältesten Hundespuren Sachsen-Anhalts sind in Backstein verewigt.

Im Kloster Jerichow entdeckten Bauforscher vor nicht allzu langer Zeit einen rund 600 Jahre alten Backstein, auf dem zwei Hundetapsen prangen. Vermutlich ist ein neugieriger Vierbeiner bei der Herstellung unbemerkt in den feuchten Lehm getrampelt.

3 **Gleich zwei Backsteinbauten des Landes gehören zu den ältesten nördlich der Alpen.**

Lange galt die Klosterkirche in Jerichow als der älteste Backsteinbau nördlich der Alpen. Mit der Errichtung der beeindruckenden Anlage, die an der Straße der Romanik liegt, begann der Prämonstratenser-Orden 1148. Allerdings muss sich Jerichow mittlerweile die Alters-Ehre mit der Stiftskirche St. Nikolaus in Beuster teilen. Durch eine Analyse der verwendeten Holzbalken stellten Bauforscher fest, dass diese Kirche zur selben Zeit entstand. Das verwunderte die Fachleute, denn die erste urkundliche Erwähnung von

St. Nikolaus in Beuster erfolgte erst rund einhundert Jahre später, nämlich 1246. Und noch einen Backsteinbau-Altersrekord kann Sachsen-Anhalt für sich verbuchen. Die Burg Anhalt im Selketal, Namenspatronin eines ganzen Landesteils, gilt als erster profaner Backsteinbau Mitteldeutschlands. Profan hat in diesem Fall nichts mit Banalität zu tun, sondern bedeutet lediglich, dass die Burg keine kirchliche Stätte ist. Auftraggeber war Albrecht der Bär, der sie ab 1147 auf den Überresten einer älteren Festung errichten ließ. Viel ist von der einstigen Pracht nicht übrig. Die Burg, die in Größe und Ausstrahlungskraft der Wartburg geglichen haben soll, ist nur noch eine Ruine.

Friedrich Eduard Hoffmann aus Gröningen erfand den Ringbrennofen.

Aus Gröningen, einem kleinen Ort bei Halberstadt, stammt der wahre Herr der Ringe: Friedrich Eduard Hoffmann (1818–1900) hatte 1858 eine bahnbrechende Idee, die die Ziegelherstellung für immer revolutionierte. Traditionell vollzog sie sich in einem ziemlich ineffektiven, häppchenweisen Prozess. Die Rohziegel kamen in die Brennkammer eines Ofens, der dann angeheizt wurde. Nach dem Brennvorgang ließ man das Feuer ausgehen und entnahm die fertigen Steine. Für diese Brennart benötigte man neben einer Menge Zeit auch eine gehörige Portion Holz und Torf. Erst nach rund 4.000 Jahren Ziegelgeschichte kam der Bauingenieur Hoffmann auf eine geniale Idee: Statt nur in Etappen, könnte man auch kontinuierlich brennen – wie an einem Fließband. Seine technologische Lösung war einfach, aber effektiv. Um den eigentlichen Ofen platzierte Hoffmann ringförmig einzeln beschickbare Brennkammern. Damit konnte nun ohne Unterbrechung Tag und Nacht gebrannt werden. Das sparte jede Menge Zeit und Energie und steigerte die Produktionsmenge enorm. Allein das Brennmaterial reduzierte sich um die Hälfte. Trotz zahlreicher konservativer Kritik an Hoffmanns Ringofen (Motto: „Wir haben das doch immer anders gemacht!"), setzte sich sein System rasant durch. Nur zehn Jahre nach der Erfindung produzierten weltweit 377 Anlagen Hoffmannscher Bauart.

5 Die größten Dachziegel der Welt kommen aus Sachsen-Anhalt.

In Groß Ammensleben im Landkreis Börde entsteht – ganz traditionell aus heimischem Ton – der Großflächenziegel „DS 5". Er ist etwa dreimal so groß wie Otto-Normalziegel und verspricht Bauherren eine deutliche Kostenersparnis, da das Eindecken eines Daches mit ihm sehr viel schneller geht. Auch die Herstellung der Maxi-Dachsteine ist vorbildlich. In einer der modernsten Ziegelfabriken Europas werden sie besonders umweltfreundlich produziert. Weil die Produktion nachhaltig und sparsam mit den Ressourcen Wasser, Luft und Energie umgeht, darf sich die Firma mit dem vom Land verliehenen Prädikat „besonders umweltverträgliche Produktion" schmücken.

6 Zwei historische Ziegeleien zeugen vom Handwerk der Backstein-Herstellung.

Einen echten Superlativ bietet die Alte Ziegelei in Westeregeln. Dort können Besucher den längsten erhaltenen Ringofen Europas besichtigen. 1894 gebaut und 1936 erweitert, umfasst er 28 Einzelbrennkammern. Sie sind in einem ovalen Ring Hoffmanscher Bauart angeordnet und kommen zusammen auf eine Länge von 122 Metern. Das ist Platz genug für 250.000 Ziegelsteine. Bis 1991 wurden in Westeregeln jährlich über 3 Millionen Ziegel produziert. Heute engagiert sich ein Verein dafür, dass das technische Denkmal erhalten bleibt. Auch in Hundisburg gibt es eine historische Museumsziegelei. Anfassen ist dort ausdrücklich erlaubt. Die Hundisburger fertigen noch in Handarbeit Backsteine. Die werden vor allem bei denkmalgerechten Rekonstruktionen gebraucht.

Börde

Genau festgelegte Grenzen hat die Magdeburger Börde nicht. Trotzdem ist die zentral gelegene Region ein ganz eigener Kulturraum, der dem Zuckerrübenanbau viel verdankt.

 Warum die Magdeburger Börde eigentlich „Börde" heißt, ist bis heute unklar.

Zwei Erklärungen haben sich Experten zurechtgelegt. Welche von beiden die historische Tatsache besser trifft, ist nur schwer zu entscheiden. Variante Nummer eins leitet den Begriff „Börde" von „Bürde" ab und glaubt darin die frühere Einteilung in Gerichts- oder Finanzbezirke zu erkennen. Variante zwei bezieht „Börde" hingegen auf das plattdeutsche Verb „bören". Das bezeichnet die bäuerliche Arbeit auf dem Feld. Was bekanntlich genauso eine Bürde sein kann wie Steuern zu zahlen.

 In der Börde wurde ursprünglich platt gesprochen.

Noch bis zur Jahrhundertwende war Niederdeutsch in der Magdeburger Börde vorherrschend. Ab 1900 wurde der Dialekt im Alltag weitgehend verdrängt. Die Ursachen sind vielfältig. Anfänglich lag es vor allem an der Verstädterung des Lebens. Platt zu sprechen war nicht mehr schicklich. Beschleunigt wurde das Verschwinden durch elektronische Medien wie Radio und Fernsehen und die Ansiedlung von Flüchtlingen aus den ehemaligen deutschen Ostgebieten nach dem Zweiten Weltkrieg.

3 **In der Magdeburger Börde liegen die fruchtbarsten Böden der Bundesrepublik.**

„Schuld" an der Hinterlassenschaft ist die Eiszeit. Nachdem die skandinavischen Eismassen die Gegend flach gehobelt und sich anschließend wieder verzogen hatten, wehte der Wind über einen langen Zeitraum die fruchtbare Erde heran. In Eickendorf gaben sich die Luftströme besonders viel Mühe, denn dort sammelten sie den fruchtbars-ten Boden an. Das stellten zumindest Untersuchungen in den 1930er Jahren fest. Fortan musste sich jeder andere deutsche Acker an ihm messen lassen. Für die Eickendorfer Scholle setzte man die Bodenwertzahl 100 fest – als unbestechlicher Vergleichsmaßstab und Grundlage für die Besteuerung. Allerdings gibt es einen kleinen Wermutstropfen für die Landwirtschaft: Die Magdeburger Börde liegt im Regenschatten des Harzes. Sie ist eine der trockensten Gegenden Deutschlands.

4 **Schwaneberg und Altenweddingen waren das Zentrum des Mais-Booms.**

„Genossen! Mais, das ist die Wurst am Stengel!" Mit dieser merkwürdigen Definition schockte der sowjetische Staatschef Nikita Chrustschow 1957 den ein oder anderen Vegetarier. Gesprochen wurden die weisen Worte überraschend, aber nicht zufällig, bei einem Besuch des Genossen im Volkseigenen Gut Schwaneberg/Altenweddingen. Das galt unter seinem Leiter Otto Strube als „Akadamie des Maisanbaus" in der DDR. Zusammen mit sowjetischen Wissenschaftlern verschrieben sich Strube und seine Mitarbeiter ganz dem Anbau der energiereichen Pflanze. Man lieferte sich sogar mit der Kolchose aus Chrustschows Heimatdorf Kalinowka einen Wettstreit um die beste Züchtung. Die „Stengelwurst"-Worte lösten in der DDR eine wahre Mais-Euphorie aus. Überall wurden Maiskonferenzen abgehalten und auf Demonstrationen übermenschlich große Pappmaschee-Maiskolben mitgeschleppt. Sogar ein Maislied gab es: „Der Mais, wie jeder weiß, das ist ein strammer Bengel, das ist die Wurst am Stengel, und wer den besten Mais anbaut, das ist ein kluger Mann, weil er in die Zukunft schaut, und die fängt gerade an."

In Hessen bei Osterwieck wird schon lange am selben Ort gebechert.

In der kleinen Gemeinde am äußersten Rand der Magdeburger Börde befindet sich die älteste Gaststätte Sachsen-Anhalts. Mindestens seit 1395 werden im Gasthaus „Zur Weinschenke" Einkehrende bewirtet. Eine Urkunde aus jenem Jahr erwähnt eine bereits vorhandene Schenke. Seit 1847 befindet sich das Etablissement, das auch Übernachtungsmöglichkeiten anbietet, ununterbrochen im Besitz einer Familie. Mittlerweile in der fünften Generation. Sie fühlt sich immer noch dem Pachtvertrag von 1847 verpflichtet, der dringend vorschrieb, das den Gästen „gute Speise und unverfälschtes Getränk, gute Betten und möglichste Reinlichkeit in allen Stücken" zu bieten sei.

Im Dorf Hornhausen bei Oschersleben sprudelten Wunderbrunnen.

Ein Kupferstich aus dem Jahr 1646 zeigt einen unglaublichen Menschenauflauf im kleinen Dorf Hornhausen. Tausende drängeln sich um kleine fahrbare Buden. Dicht gedrängt stehen sie an, um einen Schluck Wasser aus einem der zwanzig Brunnen des Ortes zu ergattern – und vielleicht sogar darin zu baden. Die Hornhauser Quellen gelten Zeitgenossen als Heil- und Wunderbrunnen.

Bücher und Flugschriften künden in nah und fern von unglaublichen, durch sie bewirkte Heilungsgeschichten. So würde ein „alter Mann, der sonst wegen blöden Gesichts die Brille brauchen müsste, [...] jetzo besser sehen als zuvor" und eine „Magd, die nicht mehr hören könne, auch den Glockenklang nicht, [...] nun alles besser höre als zuvor." Kein Wunder also, dass Hornhausen bald ein begehrtes Reiseziel von Blinden, Lahmen und Tauben ist. Auch adlige Prominenz aus ganz Europa sucht hier Hilfe.

7. Einem Tischler aus Wanzleben gebührt ewiger Dank.

Carl Zander (1847–1922) erfand 1883 in Wanzleben, der heimlichen Hauptstadt der Börde, den Ausziehtisch. Der innovative Tischlermeister taufte ihn „Coulissentisch" und bekam dafür vom Kaiserlichen Patentamt ein Reichspatent verliehen. Bis heute müssten ihm Bewohner kleiner Stuben dankbar sein, doch Zanders Meisterwerk brachte ihm keinen andauernden Ruhm ein. Dabei war der Ausziehtisch nicht das einzige innovative Werk, dass dem Tischler in seiner Karriere gelang. Unter anderem erfand er noch eine spezielle Fußbank und einen selbsttätigen Riegel, der in Deutschland, den USA, England, Frankreich, Belgien und Österreich patentiert wurde.

8. Conrad Tack veränderte die Schuhproduktion und den Verkauf für immer.

In Burg wurde 1874 die erste Schuhfabrik Deutschlands eröffnet. Die Firma von Conrad Tack (1844–1919) entwickelte sich innerhalb kürzester Zeit zu einem Großunternehmen. Bis zu 4.000 Paar Schuhe konnten pro Tag hergestellt werden – im Vergleich zur bis dahin praktizierten Manufakturarbeit eine unglaubliche Steigerung. Die industrielle Fertigung bewirkte einen gewaltigen Umbruch auf dem Schuhmarkt, denn nun bekamen Kunden für weniger Geld hochwertigere Ware. Tack veränderte nicht nur den Herstellungsprozess nachhaltig, sondern auch den Vertrieb seiner Produkte. Als erster Schuhhersteller der Welt eröffnete er eigene Läden. Um 1900 gab es mehr als 110 „Tack"-Filialen in ganz Deutschland. Die Jahresproduktion in Burg: drei Millionen Paar Schuhe. Vorbildlich ging der Produzent auch mit seinen Mitarbeitern um. 1894 richtete er eine betriebliche Sozialversicherungskasse ein.

Energie

Neben dem Ruhrgebiet ist Sachsen-Anhalt schon immer eines der Energiezentren Deutschlands. Das liegt nicht nur an den umfangreichen Braunkohle-Vorkommen.

 Dessau setzte sich früh an die Spitze des Energiegeschäftes.

1886 nahm in der Stadt das erste öffentliche Elektrizitätswerk Sachsen-Anhalts den Betrieb auf. Es ist zugleich das zweitälteste Deutschlands. Hinter der Errichtung stand die 1855 in der Stadt gegründete Deutsche Continental-Gas-Gesellschaft. Die DCGG war das größte und erfolgreichste Energieunternehmen seiner Zeit. Die Dessauer betrieben unter anderem die Gaswerke in Magdeburg, Potsdam und Warschau.

 Zeitiger als anderswo brannte in Sachsen-Anhalts Dörfern elektrisches Licht.

Die Region war eine der ersten, in der es auch in den ländlichen Gebieten fast flächendeckend Strom gab. Um 1900 entstanden besonders viele Überlandzentralen. Der Fortschritt hatte einen wichtigen wirtschaftlichen Hintergrund: die Zuckerindustrie. Für ihre Raffinerien benötigte sie jede Menge Energie. Nicht zuletzt deswegen wurden viele E-Werke auch von Genossenschaften der Landwirte gebaut und betrieben.

Die Chemie-Industrie schluckte schon immer viel Strom.

Der Energiehunger der heimischen Chemie-Industrie war schon in den Anfangsjahren gewaltig. Das Stickstoffwerk in Pisteritz verbrauchte bei seiner Eröffnung 1916 doppelt so viel Strom wie die Reichshauptstadt Berlin, die schon damals eine pulsierende Millionenstadt war. Einen Großteil des Energiebedarfes stillte das Kraftwerk Zschornewitz.

Deutschlands erste elektrische Eisenbahnstrecke lag in Sachsen-Anhalt.

Zeitgenossen mögen es vielleicht für einen Scherz gehalten haben, doch am 1. April 1911 begann in Dessau ein wichtiges Kapitel der Eisenbahngeschichte. An jenem Tag nahm die erste mit elektrischer Energie betriebene Fernbahn Deutschlands ihren Regelbetrieb auf. Ziel der offiziellen Jungfernfahrt – einen Testbetrieb gab es bereits seit dem 18. Januar 1911 – war das 25,6 Kilometer entfernte Bitterfeld. Die mit großem technischen Aufwand und beträchtlichen finanziellen Mitteln elek-

trifizierte Strecke war nur als erster Teil eines Gesamtausbaus der Verbindung Magdeburg–Halle–Leipzig gedacht. Das Mitteldeutsche Revier bot sich für den Test an, weil es dort eine hervorragende Infrastruktur in Form von Stromwerken gab. Die Elektrobahn enttäuschte ihre Planer nicht: Mit einer Geschwindigkeit von bis zu 135 km/h war sie für die damalige Zeit äußerst rasant. 1914, mit dem Beginn des Ersten Weltkrieges, endete das Kapitel „Elektrische Eisenbahn" abrupt. Von den drei vorhandenen Lokomotiven ES1 bis ES3 überlebte nur eine – wenn auch stark ramponiert. Sie wartet im Deutschen Technikmuseum Berlin auf ihre Restaurierung.

 Im Kraftwerk Vockerode wurde nicht nur Strom produziert.

Das Braunkohlekraftwerk war nicht nur einer der wichtigsten Stromerzeuger der DDR, sondern produzierte ab 1974 als Volkseigenes Gut zusätzlich Gurken, Tomaten und Paprika. Um die Kraftwerksabwärme sinnvoll nutzen zu können, wurden auf einem 25 Hektar großen Gelände Gewächshäuser errichtet. Rund 1.000 Angestellte züchteten darin bis 1993 exakt 55.767 Tonnen Gemüse. Einige Gewächshausgerippe stehen heute als Kunstprojekt in Magdeburg.

 In Stendal sollte das größte deutsche Kernkraftwerk entstehen.

Ab 1982 werkelten tausende Arbeiter am Aufbau der Meiler, die es nach ihrer geplanten Fertigstellung im Jahr 1997 auf eine Gesamtleistung von 4.000 Megawatt bringen sollten. Nach der politischen Wende kam 1991 erst der Baustopp, dann der weitgehende Abriss. Darüber freuten sich vor allem die Atomkraftgegner, die sich schon zu DDR-Zeiten in Stendal organisierten. Sie wurden von den Mitarbeitern der Stasi überwacht und eingeschüchtert.

7 Wasserkraftanlagen produzieren umweltfreundlichen Strom.

In Sachsen-Anhalt gibt es insgesamt 29 Talsperren und 48 Wasserkraftanlagen. Nicht alle dienen der Energiegewinnung, so dass ihr Anteil an der Stromproduktion unter einem Prozent liegt. Größte Anlage im Land ist das Pumpspeicherwerk Wendefurth. Es fungiert als Spitzenlastkraftwerk. In Zeiten mit Überkapazitäten an elektrischer Energie pumpt es Wasser in das obere Becken und lässt es in energiearmen Zeiten wieder ab.

8 Bitterfeld-Wolfen setzt geschickt auf die Kraft der Sonne.

80 Prozent aller in Europa hergestellten Solaranlagen kommen aus Sachsen-Anhalt. Das sogenannte Solar-Valley in der Region Bitterfeld-Wolfen gilt noch immer als das weltweite Zentrum der Photovoltaik-Industrie. Solaranlagen werden dort nicht nur gebaut, sondern auch entwickelt und getestet. Trotz ihrer technologischen Überlegenheit stehen Sachsen-Anhalts Firmen zunehmend unter Druck: Die Anlagen können in Asien preiswerter produziert werden.

Eulenspiegel

In kaum einer anderen Region verzapfte Till Eulenspiegel so viele Streiche wie in Sachsen-Anhalt. Kein Wunder: Schließlich ist er dort aufgewachsen. Hier sind fünf seiner Scherze auf einen Streich.

Erst plumpste Eulenspiegel in die Saale, dann sorgte er für ein großes Schuhchaos.

Schon als kleiner Junge hatte Eulenspiegel nichts als Flausen im Kopf. Eines Tages spannte er zwischen den Dächern zweier Häuser und quer über die Saale hinweg ein langes Seil. Dann machte er sich daran, auf ebenjenem Seil herumzuspazieren und allerlei Kunststückchen vorzuführen. Schnell fand sich eine Zuschauermenge. Als seine erboste Mutter das sah, schnitt sie das Seil durch. Till plumpste in den Fluss. Die Zuschauer grölten, spotteten und amü-sierten sich prächtig über den kleinen Till. Der entstieg pudelnass der Saale und schwor Rache. Öffentlich versprach er seinen Nachbarn hingegen eine neue Show. Sie müssten ihm dafür nur alle ihren linken Schuh geben. Bereitwillig überließ man sie ihm. Am nächsten Tag fädelte Eulenspiegel die Schuhe auf eine Schnur und ging erneut auf ein Seil. Oben angekommen, warf er das Schuhwerk mit einem Schwung auf die Erde. Daraufhin kam es zur Massenprügelei, denn jeder wollte seinen Schuh zurück. Wo die historische Geschichte spielt, ist übrigens nicht gesichert. Bernburg und Calbe streiten um die „Ehre".

② Ein Eisleber Wirt fürchtete wegen Eulenspiegel um sein Leben.

Zur Winterzeit saß Eulenspiegel in der Kneipe einer Eisleber Herberge und wurde Zeuge, wie sich der Wirt lauthals über drei Gäste aus Sachsen lustig machte. Nicht ihr gewöhnungsbedürftiger Dialekt war Zielscheibe seines Spotts, sondern der Umstand, dass sie vor Angst zitternd in seinem Etablissement saßen. Die drei waren zuvor im Wald einem Wolf begegnet und fürchteten sich noch immer. Er persönlich könne es ja mit zwei Wölfen gleichzeitig aufnehmen, prahlte der Wirt. Eulenspiegel bewies ihm das Gegenteil. Kurzentschlossen ging Till in den Wald, erlegte mal eben einen Wolf und ließ ihn steif frieren. Dann stellte er Meister Isegrim in die Küche des Gasthofes. Bevor er sich auf sein Zimmer verdrückte, stopfte Eulenspiegel ein Paar Schuhe in das Maul des toten Tieres. Mitten in der Nacht rief Eulenspiegel den Wirt und verlangte nach einem Nachtmahl. Der Prahlhans schickte zunächst eine Angestellte. Als die in die Küche trat, sah sie den Wolf und flüchtete unter großem Geschrei. Das gleiche Spiel passierte mit der Frau des Wirtes. Als schließlich der Wirt die Küche betrat, sah er die Schuhe im Maul des Wolfes und dachte, Ehefrau und Magd seien gefressen. Der großmäulige Wirt bekam nun einen Riesenschreck und wimmerte um sein Leben – sehr zur Freude Tills.

 3 **In Quedlinburg kam Eulenspiegel mit einem fiesen Trick zu Hühnern.**

Als Eulenspiegel über den Markplatz von Quedlinburg spazierte, verspürte er plötzlich den unstillbaren Drang, stolzer Besitzer einer Hühnerschar zu werden. Lediglich seine kleine private Finanzkrise setzte ihm einigermassen realistische Grenzen. Till war jedoch niemand, der sich einfach so mit den Widrigkeiten des Lebens zufrieden gab. Er trat auf eine Bauersfrau zu und fragte nach dem Preis für einen Käfig Hühner. Sie nannte ihm eine Summe, die er als durchaus angemessen empfand. Also stimmte er dem Handel zu. Auf seine Art. Er schnappte sich einen Käfig und machte sich aus dem Staub. Erst kurz bevor er die Quedlinburger Stadttore passierte, holte ihn die Bäuerin ein. Unter großem Gezeter stellte sie ihn zur Rede: „Wie kannst du die Hühner einfach mitnehmen, ohne zu zahlen?" Till setzte sein unschuldigstes Gesicht auf und sprach beruhigend auf die wütende Frau ein: „Meine Liebe, nur nicht so misstrauisch! Ich will doch nur das Geld holen." Als die Frau trotzdem auf das Prinzip Ware gegen Geld bestand, fiel Eulenspiegel eine Lösung ein: „Hier nimm den Gockel als Pfand." Er griff beherzt in den Käfig und zog den Hahn hervor. Feierlich setzte Till hinzu: „Behalte ihn, bis ich mit dem Geld zurück bin." Angesichts dieser generösen Tat willigte die Bäuerin ein und Till verschwand auf Nimmerwiedersehen.

 4 **Im Bernburger Schloss narrte Eulenspiegel einen Trupp Soldaten.**

Eines Tages verdingte sich Eulenspiegel beim Grafen von Anhalt als Turmbläser. Seine Aufgabe war eigentlich denkbar einfach: Er sollte laut Alarm blasen, sobald sich Raubritter der Stadt näherten. Während Eulenspiegel nun fleißig nach Bösewichtern Ausschau hielt, begann man im Innenhof der Burg mit dem Abendmahl. Verführerischer Bratenduft stieg zu Eulenspiegel in den Turm hinauf. Doch dabei blieb es, denn niemand dachte daran, auch Till etwas zum Essen zu bringen. Die Rache des Narren folgte prompt. Just in diesem Moment überfiel ein Trupp Raubritter Bernburg. Aus

 In Magdeburg machte sich Eulenspiegel nicht gerade beliebt.

Der Ruf eines gewissen humoristischen Talentes eilte Till voraus, als er nach Magdeburg kam. Die Elbstädter fühlten sich jedenfalls ziemlich gebauchpinselt, als sie bemerkten, welchen berühmten Gast sie in ihren Stadtmauern beherbergten. Aus unerfindlichen Gründen empfanden sie es zudem besonders schlau, ihn darum zu bitten, bei ihnen eine ungewöhnliche Gaukelei zu veranstalten. Eugenspiegel zögerte keinen Moment und versprach den Magdeburgern eine wahre Sensation: Er wolle von ihrem Rathaus herabfliegen. Die Kunde vom fliegenden Eulenspiegel verbreitete sich wie ein Lauffeuer. Zur angesagten Zeit versammelte sich die Einwohnerschaft in freudiger Erwartung auf dem Rathausplatz. Tatsächlich kletterte Eulenspiegel wie versprochen auf das Dach des Gebäudes. Angespannt und konzentriert flatterte er zunächst mit dem linken Arm, dann ebenso professionell mit dem rechten. Schließlich – Trommelwirbel! – sogar mit beiden gleichzeitig. Durch die glotzende Menge ging ein erstauntes Raunen. Erste Damen erlitten Ohnmachtsanfälle und sanken den Gesetzen der Schwerkraft folgend zu Boden. Plötzlich fand die Show ein abruptes Ende. Eulenspiegel zeigte den Magdeburgern einen Vogel und rief ihnen zu: „Ich dachte, ich sei der einzige Narr! Aber hier ist die ganze Stadt voll damit!"

– zugegeben relativ unreifem – Trotz blies Till aber nicht Alarm, wie man ihm geheißen. Tatenlos sah er zu, wie die Diebe alle Rinder des Grafen stahlen. Die nun folgende arbeitsrechtliche Maßnahme in Form einer mündlichen Abmahnung durch den Landesherren ignorierte Eulenspiegel schon am nächsten Tag äußerst erfolgreich. Weil er erneut beim Essen vergessen wurde, rächte er sich. Ohne wirklichen Anlass blies Till lauthals Alarm, so dass alle glaubten, der Feind käme. Überstürzt stürmten die Soldaten aus der Burg. Das wiederum ließ Eulenspiegel genügend Zeit, sich nun ganz alleine und ausführlich mit dem Braten zu befassen. Und wenn er nicht gestorben ist, dann isst er noch bis heute ...

Film

In Sachsen-Anhalt gibt es 46 Kinos mit zusammen 135 Sälen, die jährlich über drei Millionen Besucher anziehen. Im Land werden Filme aber nicht nur konsumiert, sondern auch produziert.

 Die erste deutsche Stummfilmdiva war gebürtige Magdeburgerin.

Henny Porten (1890–1960) stand ab 1906 vor der Kamera. Obwohl sie nie eine Schauspielschule besucht hatte, lag ihr das Publikum zu Füßen und konnte sich an ihr nicht sattsehen. Porten betrieb schließlich sogar eine eigene Filmproduktionsfirma und schaffte den Sprung vom Stumm- zum Tonfilm.

 Im Schloss Ballenstedt gibt es eine Ausstellung zu 100 Jahren Filmgeschichte.

Die privat entstandene Sammlung umfasst rund 4.000 Exponate und ist seit 2001 für die Öffentlichkeit zugänglich. Ein besonderes Highlight ist eine über 120 Jahre alte Laterna Magica – eine Vorläufertechnik des heutigen Kinos. Zudem gibt es zahlreiche Kameras und seltene Heimkinoprodukte.

 Würchwitz ist die unbestrittene Filmmetropole Sachsen-Anhalts.

Seit mehr als 40 Jahren produziert das Würchwitzer Amateurfilmstudio, das sich selbst als kleinstes Filmstudio der Welt bezeichnet, eigene Streifen. Den Durchbruch schafften die Dorffilmer mit ihren Olsenbanden-Fan-Filmen. Als ein Mitstreiter des Studios 2006 in einem Abrisshaus einen Tresor fand, entstand die Idee, einen eigenen Olsenbanden-Film zu drehen. In „Die Olsenbande und der Käsecoup" versuchen Egon, Benny und Kjeld den Tresor des Würchwitzer Milbenkäsemuseums zu knacken. In ihm soll der älteste und zugleich potenzsteigernde Milbenkäse der Welt lagern. Sämtliche Rollen wurden von Einwohnern gespielt. Aufgrund des riesigen Erfolges gibt es bisher drei Fortsetzungen: „Die Olsenbande und der Thesenraub", „Die Olsenbande auf der Suche nach dem Bernsteinzimmer" und „Die Olsenbande und der vergessene Stifterschatz".

 Quedlinburg war einer der beliebtesten Drehorte der DEFA.

Die DDR-Staatsfilmfirma produzierte in der mittelalterlichen Fachwerkstadt mehr als 30 Filme. Darunter beliebte Klassiker wie „Die Abenteuer des Werner Holt", „Schneeweißchen und Rosenrot", „Nicht schummeln, Liebling" und die verbotene Rolf-Herricht-Komödie „Hände hoch oder ich schieße!".

Auch heute ist Sachsen-Anhalt ein gesuchter Drehort, sogar für internationale Produktionen. Seit 1998 entstanden mehr als 100 Filme. Zum Beispiel der Oscar-nominierte Film „The Last Station" mit Helen Mirren. Bei den Dreharbeiten in Pretzsch machte die britische Schauspielerin dem Land ein schönes, wenn auch ungewolltes Kompliment. In einem Interview versprach sie sich und sagte statt Sachsen-Anhalt „Sexy-Anhalt". Wo sie Recht hat …

FKK

Hüllenlos im Freien baden – die meisten Ostdeutschen haben das schon gemacht. Auch wenn viele eher die mecklenburgische Ostseeküste mit FKK verbinden – in Sachsen-Anhalt gibt es eine lebendige FKK-Kultur.

 Naumburg war in den 1920er Jahren eine Hochburg der Nackten.

In der Nähe der Saalestadt gab es ein 20.000 Quadratmeter großes FKK-Gelände, das für die gesamte Freikörperkulturbewegung in Deutschland ein An- und Auziehungspunkt war. Der Legende nach prägte man sogar den Begriff „FKK" in Naumburg. Bei einer Tagung von Nackt-Anhängern wurde 1925 beschlossen, statt des damals üblichen Begriffs „Nacktkultur" die Formulierung „Freikörperkultur" zu verwenden. Damit sollte eine größere Akzeptanz erreicht werden.

 Auch in Magdeburg und Halle zogen sich Menschen gerne öffentlich aus.

In beiden Städten gab es bis weit in die 1930er Jahre aktive Nackedei-Vereine. Natürlich ging es nicht nur darum, sich im Adams- beziehungsweise Evakostüm zu präsentieren. Die FKK-Clubs verstanden sich vor allem als Reform- und Kulturvereine. So nannte sich beispielsweise der Magdeburger „Lichtbund für Erneuerung". Ziel war eine „natürlichere" Lebensweise, die sich als Gegenbewegung zur industriellen Moderne verstand. Der wollte man zum Beispiel mit Nacktgymnastik entgegentreten.

Die Freikörperkultur wurde in der NS-Zeit von einem Dessauer vertreten.

Der Dessauer Karl Bückmann war im Dritten Reich der oberste „Nazi-Nacktfrosch". Der Beamte leitete den reichsweiten „Bund für Leibeszucht", in dem viele zuvor freie FKK-Vereine aufgehen mussten. Obwohl die Freikörperkultur schon in ihren Anfängen nicht frei von völkischen Ideen war, verschärfte sich der Kurs ab 1933 und unter Bückmanns Führung. Er setzte eine stark rassistische und antisemitische Ausrichtung durch. Beim FKK wurde nun dem „arischen" Körperkult gehuldigt.

Freikörperkultur war in der DDR für kurze Zeit verboten.

Am 14. August 1954 hatte DDR-Innenminister Willi Stoph die Faxen dicke. In einem Schreiben an alle Volkspolizeistationen des Landes machte der Genosse Minister auf eine akute Gefahrenquelle für den Aufbau des sozialistischen Vaterlandes aufmerksam: das Nacktbaden. In einer Verordnung verhängte er daher ein allgemeines Nacktbadeverbot. Erst als sich auch hohe Genossen zum FKK bekannten, ruderte er zurück. Ab 1956 erlaubte ein Gesetz wieder die paradiesischen Zustände im Sozialismus.

Deutschlands erster Nacktwanderweg liegt in Sachsen-Anhalt.

Seit 2010 führt der Harzer Naturistenstieg von Dankerode zur Wippertalsperre. Seitdem begegnet man auf der 13 Kilometer langen Route regelmäßig Halbnackten, wobei sich „halb" in den meisten Fällen auf das Schuhwerk bezieht. Seltsamerweise spazieren nämlich die allerwenigsten Nacktwanderer barfuß. Damit sich Otto-Normal-Wanderer nicht allzu sehr erschrickt, ist der Stieg mit Warntafeln versehen. Sie machen klar: „Willst Du keine Nackten sehen, darfst Du hier nicht weitergehen".

Organisierte Nacktheit ist nur noch was für spezielle Spezialisten.

In Sachsen-Anhalt gibt es heute nur noch sehr wenige FKK-Vereine. Der älteste ist der Dessauer „Verein für Freizeit und Familiensport". Seit über 80 Jahren hat er ein eigenes Nackt-Gelände. Jüngster Zuwachs im landesweiten Nacktbetrieb ist der „FKK Naturfreunde- und Sportfischer Verein" in Barby. Da verbindet man gleich zwei schöne Hobbies miteinander: Nacktrumstehen und Angeln. Zum Glück gibt es in der Elbe keine Haie, die mal eben böse zuschnappen können.

Harz

Für Hexen ist der Harz der Anziehungspunkt schlechthin. Von nah und fern kommen sie auf ihren Besen angeflogen. Aber auch für gewöhnliche Menschen, die lieber mit Bahn oder Auto anreisen, lohnt sich der Weg.

1 **Der erste Reiseführer über den Harz erschien vor mehr als 300 Jahren.**

1703 veröffentlichte der Nordhäuser Arzt Georg Henning Behrens ein Buch mit dem Bandwurmtitel „Hercynia Curiosa oder Curiöser Harz-Wald. Sonderbare Beschreibung und Verzeichnis der curiösen Höhlen, Seen, Brunnen, Berge und vieler anderer an und auf dem Harz vorhandenen denkwürdigen Sachen, mit unterschiedenen nützlichen und ergötzlichen medizinischen, physikalischen und historischen Anmerkungen den Liebhabern solcher Curiösitäten zur Lust herausgegeben“. Behrens' Buch wurde trotz des Titels sofort ein Bestseller und erreichte innerhalb kurzer Zeit mehrere Auflagen. Mit einer ganz konkreten Folge für den Harz selbst: Plötzlich stieg die Zahl der Touristen enorm an. Da man damals den Begriff Tourist nicht kannte, nannte man die Besucher einfach nach dem Buch, das sie mit sich führten: „Kuriöse“.

2 Bei der wahren Größe des Brockens wird gerne geschummelt.

Die meisten glauben, dass der höchste Berg Norddeutschlands 1.142 Meter hoch sei. So steht es auf vielen Landkarten und selbst auf dem Gipfel findet sich eine Tafel mit dieser Angabe. Sie ist trotzdem falsch! Der Gipfelstein wurde künstlich aufgerichtet, nur um es auf die runde Zahl zu schaffen. Die wahre Brockenhöhe, das haben genaue Untersuchungen des Geologischen Landesamtes ergeben, beträgt 1.141 Meter und 10 Zentimeter. Ob 90 Zentimeter mehr oder weniger: Nicht nur gefühlt ist der Brocken das Größte!

BROCKEN
1142 m

3 Der älteste Fernsehturm der Welt steht auf dem Brocken.

Ab 1936 wurde das 53 Meter hohe Gebäude mit einer zusätzlichen 42 Meter langen Antenne errichtet. Damit war der TV-Turm der weltweit erste Bau, der ausschließlich zur Rundfunk- und Fernsehübertragung dienen sollte. Wegen des Zweiten Weltkrieges nahm er seinen regulären Sendebetrieb erst viel später auf. Heute dient er als Brockenherberge.

4 In Alexisbad wurde der Verein Deutscher Ingenieure gegründet.

Im Mai 1856 machten sich 120 Männer auf den Weg ins mondäne Kurbad. Ihre Anreise war beschwerlich. Da die Eisenbahn nur bis Halberstadt fuhr, mussten die Herren den Rest des Weges im Leiterwagen zurücklegen. Aber bekanntlich ist „dem Ingenör nix zu schwör". Heute ist der VDI einer der international größten Techniker-Clubs.

Die Schallhöhle im Bodetal ist die seltsamste Höhle des Harzes.

Um 1760 wurde der rund 20 Meter lange Stollen in den Fels geschlagen. Nur aus einem einzigen Grund: Der jeweilige Höhlenpächter böllerte für vorbeikommende Touristen und eine kleine Gabe mit einer Kanone hinein – weil es so schön laut war. Dass das nicht gut gehen konnte, zeigt das Schicksal von Böllermann Heinrich Reckleben. Der Gärtner aus Thale wurde durch seinen Job als Touri-Animateur nahezu taub – und kam schließlich bei einem Unfall ums Leben. Eine Brauereikutsche überfuhr ihn, weil er sie nicht hörte.

Unter dem Begriff „Harzer Roller" firmieren gleich vier unterschiedliche Dinge.

Zum einen ist ein spezieller Jodelausdruck gemeint, zum anderen eine Käsespezialität. Außerdem ist der „Harzer Roller" auch ein bestimmter Kanarienvogel-Typ, der vor allem im niedersächsischen Teil gezüchtet wird. Von dort kommt auch die vierte Art „Harzer Roller": Wegen seiner körperlichen Fülle wird der aus Goslar stammende SPD-Vorsitzende Sigmar Gabriel ebenfalls mit dem Titel „Harzer Roller" belegt.

7 **Der Harz ist das einzige deutsche Jodel-Gebiet außerhalb der Alpen.**

Und eine echte Kampfzone! 20 Jahre nach der Wiedervereinigung gibt es regelmäßig Zoff zwischen den Ost-Jodlern aus Sachsen-Anhalt und den West-Jodlern aus Niedersachsen. Im Sommer 2011 eskalierte der Streit. In einem Interview mit dem Mitteldeutschen Rundfunk provozierte Andreas Knopf aus Altenbrak (Sachsen-Anhalt) seine Jodelkollegen aus dem Westen gleich mit zwei einfachen Feststellungen: „Das Westjodeln ist ein sehr einfaches Jodeln und viel zu hart! Das Ostjodeln hat einen sehr viel höheren Schwierigkeitsgrad." Ein empörter Aufschrei entfuhr den Westjodelkehlen. Als dann auch noch der Vorwurf laut wurde, bei gemeinsam veranstalteten Jodelwettbewerben dürften die Nieder-

sachsen nur deswegen häufiger auf dem Siegerpodest stehen, weil die Ostdeutschen politisch abgewertet würden, war der eigentlich geltende Harzer Jodel-Waffenstillstand Geschichte. Auf den hatte man sich erst kurz zuvor geeinigt und wollte erstmals seit 2005 wieder einen gemeinsamen Jodelwettstreit austragen. Beim Gegenangriff der Westharzer blieb dann den Ostharzern kurzfristig das Jodeln im Halse stecken. Die Niedersachsen warfen ihnen vor, viel zu „Moll"-lastig zu trällern. „Und ihr seit viel zu Dur-verliebt", konterten die Nachbarn. Kurz vor dem Wettstreit in Clausthal-Zellerfeld rauften sich Niedersachsen und Sachsen-Anhalter jedoch noch einmal zusammen, so dass der Wettbewerb stattfinden konnte. Und den gewann der ostdeutsche Hochleistungsjodler und Streitanfänger Andreas Knopf.

Hochzeit

Wer an seinem Hochzeitstag hoch hinaus möchte, kann das seit 2011 auf dem Brocken. Einmal pro Monat gibt es dort Trauungen. Geduld ist wichtig: Pro Tag werden nur 10 Termine vergeben.

1   **Die Sachsen-Anhalter sind mittlerweile Heiratsmuffel geworden.**

Jedes Jahr schließen etwa 10.000 Paare den Bund fürs Leben. Diese Zahl ist seit Mitte der 1990er Jahre relativ konstant. Vor der Wende wurde deutlich häufiger geheiratet – 24.000-mal durchschnittlich. Hat das mit mehr Realismus zu tun? Die Aussichten fürs Halten der Ehe sind jedenfalls nur „la-la". Auf 100 Hochzeiten kommen 46 Scheidungen.

2   **Im Wernigeröder Rathaus werden Ehen im Akkord geschlossen.**

Wernigerode ist der beliebteste Heiratsort Sachsen-Anhalts. Jedes Jahr lassen sich in der romantischen Fachwerkstadt etwa 450 Paare trauen. Für eine knapp 35.000 Einwohner-Stadt eine ganze Menge. Des Rätsels Lösung: Rund 300 Paare kommen gar nicht aus der Stadt, sondern reisen extra aus ganz Deutschland und Europa an.

3 Die „Magdeburger Hochzeit" war kein Fest, sondern ein Verbrechen.

Im Mai 1631 kam es in Magdeburg zu einer der brutalsten Schlachten des Dreißigjährigen Krieges. Dabei wurde die Stadt komplett zerstört, fast die gesamte Einwohnerschaft verlor ihr Leben. Die einst stolze protestantische Metropole musste sich dem katholischen Kaiser unterwerfen. Zeitgenossen sprachen deshalb von der „Hochzeit" der magdeburgischen Jungfrau mit dem Kaiser.

4 In der Altmark spielte bei Hochzeiten eine Apfelsorte eine wichtige Rolle.

Um 1900 hatte der „Altmärker Brautapfel" im Hochzeitsbrauchtum des nördlichen Landesteils eine zentrale Rolle. Mit der modernen Zeit geriet nicht nur der Brauch in Vergessenheit. Auch die Apfelsorte stand vor dem Aussterben. Dank des Freilichtmuseums Diesdorf konnte das drohende Schicksal 2007 abgewendet werden. Um die Sorte für kommende Generationen zu erhalten, wurde ein Exemplar gepflanzt.

5 Die Landesgeschichte bietet gleich mehrere prominente Skandalhochzeiten.

1525 geschah in Wittenberg etwas Unerhörtes: Ein Mönch heiratete eine aus ihrem Kloster geflohene Nonne. Das waren gleich zwei schlimme Dinge auf einmal. Zum einen brachen beide ihr Ordensgelübde, zum anderen das geltende Zölibat für Kirchenleute. Die Bösewichter waren keine Geringeren als Katharina von Bora und Martin Luther. Mittlerweile kratzt das niemanden mehr. Im Gegenteil: Heute wird die Skandalhochzeit als Grund für ein Stadtfest genutzt. Skandalös war auch die Heirat eines Fürsten von Anhalt-Dessau. 1698 heiratete Leopold I. die Apothekerstochter Anna Louise Föhse. In seinem Liebesrausch riskierte der Herrscher damit die Existenz seines Staates, denn aus der unstandesgemäßen Ehe konnten eigentlich keine erbberechtigten Söhne hervorgehen. „Der Alte Dessauer" verlegte sich auf einen Trick. Er kaufte seiner Geliebten beim Kaiser einfach den Titel einer Reichsgräfin.

Irrtümer

Dass die Hallenser den Magdeburgern nichts gönnen, ist ein populärer Irrtum der Landeshauptstädter. Richtig ist: Magdeburger und Hallenser gönnen sich gegenseitig nichts. Es gibt aber noch mehr Legenden, die einer längst überfälligen Korrektur bedürfen.

Der Stollen kommt aus dem sächsischen Dresden? Pustekuchen!

Seit 1996 ist die Bezeichnung „Dresdner Stollen" eine „Geschützte geographische Angabe". Nur Bäcker, die in der Dresdner Region ihr Handwerk betreiben, dürfen Stollen mit dem begehrten Prädikat versehen. Die Sachsen sind mächtig stolz auf ihr weihnachtliches Backwerk und wachen mit Argusaugen und einem extra gegründeten „Stollenschutzverband" über das lukrative Label. Dabei lassen die geschäftstüchtigen Dresdner gerne unter den Tisch fallen,

dass nicht sie die Erfinder des Weihnachtsstollen sind. Diese Ehre gebührt den Naumburger Bäckern. Ab 1329 backten sie für den dortigen Bischof zu Weihnachten jeweils zwei Stollen. Nicht ganz freiwillig. Die Gabe an den Kirchenfürsten war Teil einer Abmachung, die die Bäcker im Gegenzug mit Privilegien ausstattete. Mit dem üppigen Weihnachtsstollen von heute – voller Rosinen, Mandeln und Unmengen Butter – hatte die damalige Version eher nichts gemein. Vielmehr handelte es sich bei den Naumburger Stollen um zwei sehr lange Weizenbrote. Die waren damals aber äußerst teuer und begehrt.

Der Roland steht in der Hansestadt Bremen? Quatsch!

Die Statuen gibt es auch in vielen anderen europäischen Städten. Und jetzt kommt der Clou: die meisten Roland-Statuen Deutschlands beherbergt Sachsen-Anhalt. Von insgesamt 29 Plastiken befinden sich allein 14 dort. Die Rolande, die immer einen Ritter mit Schwert darstellen, waren früher ein Symbol dafür, dass die Gemeinde Stadtrecht besaß. Deshalb stehen sie fast immer auf dem Marktplatz. Aber nicht nur die auffallend hohe Anzahl zeichnet das „Roland-Land" Sachsen-Anhalt aus. Auch bei den Darstellungsformen gibt es Besonderheiten. So ist der Roland von Haldensleben der einzige, der auf einem Pferd sitzt, und der Calbenser der einzige, der einen Hut trägt.

Das Videoportal „YouTube" wurde von Amerikanern erfunden? Blödsinn!

Egal ob Ebay, Twitter oder Facebook: die berühmtesten und wichtigsten Firmen im Internetgeschäft stammen alle aus den Vereinigten Staaten von Amerika. Auch das weltweit größte Videoportal „YouTube", auf dem jeder seine eigenen Videos hochstellen und sie so mit Millionen anderen Nutzern teilen kann, ist in den USA beheimatet. Einer der drei Erfinder ist aber kein Amerikaner, sondern Sachsen-Anhalter. Jawed Karim wurde 1979 in Merseburg geboren. Die Familie seiner Mutter kommt aus Wernigerode. Seinen Vater verschlug es wegen eines Chemiestudiums aus dem fernen Bangladesch in die DDR. In Merseburg lernte er seine zukünftige Frau kennen. 1992 wanderte die Familie in die USA aus. Von Jawed stammt übrigens auch das erste Video, das auf „YouTube" eingestellt wurde. Betitelt „Me at the zoo" („Ich im Zoo"), zeigt es den jungen Erfinder vor einem Elefantenkäfig. In die Kamera eines Freundes spricht er die historisch höchst bedeutungsvollen Sätze: „Hier sind wir bei den Elefanten. Das Tolle bei den Typen ist, dass sie einen richtig, richtig langen Rüssel haben. Das ist cool! Und das ist so ziemlich alles, was ich zu sagen habe." Mehr als sechs Millionen Menschen schauten sich den 19 Sekunden langen Clip mit den weisen Worten bisher auf „YouTube" an.

Jagd

In Sachsen-Anhalt gehen rund 10.000 Jäger auf die Pirsch. Anders als es ein weit verbreitetes Vorurteil besagt, ist Jagen schon lange keine exklusive Veranstaltung mehr.

 Jagen gehört zu den ältesten Kulturtechniken in Sachsen-Anhalt.

Im Besitz des Genthiner Kreismuseums Jerichower Land befinden sich einige über 12.000 Jahre alte Jagdwaffen. Die Harpunen und Messer belegen eindrucksvoll die lange Jagdtradition in der Region. Gefunden wurden die aus Knochen und Geweih bestehenden Jagdgeräte beim Tonabbau am Pritzerber See. Von Sauerstoff abgeschlossen überdauerten sie die Jahrtausende nahezu unbeschadet.

 Der Park von Dessau-Wörlitz war ein beliebtes Jagdgebiet.

Wo heute penibel darauf geachtet wird, dass niemand unerlaubt den Rasen betritt, war früher ein beliebtes Jagdgebiet der anhaltischen Fürsten. An prachtvollen Hetzjagden, bei denen die Gegend regelmäßig verwüstet wurde, nahmen bis zu 400 Hunde teil. Die Vierbeiner kamen bei den Bauern der Umgebung unter und mussten sogar von ihnen verpflegt werden. Seit 2003 knüpfen die Wörlitzer an die alte Jagdtradition an. Bei der jährlichen Fürst-Franz-Gedächtnisschleppjagd sind bis zu 60 Reiter unterwegs – meist mit eigenen Hunden.

3 **Das Letzlinger Jagdgebiet war eines der exklusivsten Reviere Europas.**

Bis heute ist die Colbitz-Letzlinger Heide – übrigens das größte zusammenhängende Heidegebiet Mitteleuropas – eine der wildreichsten Gegenden Sachsen-Anhalts. Diesen formidablen Umstand nutzten schon die preußischen Herrscher. Mitten in der damals noch zu Brandenburg gehörenden Altmark ließen sie sich in Letzlingen

ein imposantes Jagdschloss errichten – zunächst ab 1559 eine eher bescheidene Anlage, dann ab 1843 eine typische zinnengekrönte Hohenzollern-Burg. Nach seiner Fertigstellung war Letzlingen ein beliebter Austragungsort für Hofjagden. Dazu luden die Preußen gerne gekrönte Häupter aus dem nahen Ausland (Mecklenburg, Braunschweig, Sachsen) und aus dem fernen (Russland, Österreich-Ungarn) ein. Die letzte höfische Staatsjagd fand 1912 unter der Regie von Kaiser Wilhelm II. statt.

4 **Die Revolution von 1848 veränderte das Jagdrecht dramatisch.**

Die vorbildlichen liberalen Anhalter Verfassungen, die nach der Revolution von 1848 in Kraft traten, schafften das exklusive Jagdprivileg des Adels ab. Damit endete ein jahrhundertealtes Vorrecht der Blaublüter. Als einzige gesellschaftliche Gruppe nahmen sie sich bis dahin das Recht heraus, auf die Pirsch gehen zu dürfen. Das betraf ausdrücklich auch die Jagd auf fremdem Grund und Boden. Für Schäden, die dabei entstanden, mussten die Eigentümer selbst aufkommen – ohne etwas davon zu haben. Mit der Gesetzesänderung wandelte sich die Situation deutlich.

Jeder Landbesitzer durfte nun jagen. Die Folge war ebenso dramatisch. Die neue Jagdfreiheit führte dazu, dass einige Tierarten nahezu ausgerottet wurden. Natürlich ließ sich der Adel demokratische Spielregeln nicht gefallen. 1853 verkündete Herzog Leopold Friedrich zu Anhalt in einem selbstherrlichen „Landesherrlichen Erlaß" die Konterrevolution. Er führte erneut die entschädigungslose Jagd für sich und seine Standesgenossen ein. Das hielt für etwas mehr als 15 Jahre. Dann fiel das Privileg endgültig. Und noch eine jagdrechtliche Institution hatte mit der Revolution von 1848 ausgedient: die sogenannten Jagdfrondienste. Die verpflichteten jeden Untertanen dazu, seinem Landesherren unentgeltlich bei der Jagd zu helfen.

5 Im Harz erinnern gleich zwei Denkmäler an die Ausrottung von Tierarten.

Das Bärendenkmal bei Gernrode verherrlicht den Abschuss des letzten Bären im Anhalter Forst. 1696 erledigte man das einzig verbliebene Exemplar des Anhalter Wappentieres. Er war jedoch nicht der letzte frei lebende Bär im heutigen Sachsen-Anhalt – der hauchte sein Leben um 1787 bei Wernigerode aus. Das Wolfsdenkmal bei Questenberg erinnert an die Tötung des letzten Wolfes im Jahr 1724. Eigentlich kann es eingemottet werden, denn die Wölfe sind im Harz zurück. Genauso wie der Luchs, der ebenfalls ausgerottet war. Über dessen Ende waren die Zeitgenossen so stolz, das sie den letzten 1817 ausstopften und in Wernigerode ausstellten.

6 Erst in der DDR war das Recht zur Jagd vom Bodenbesitz getrennt.

Seit 1848 war das Recht auf die Jagd an Grundbesitz gebunden. Nur wer Land besaß, konnte auf die Pirsch gehen. Alle anderen wurden als Wilderer verfolgt und bestraft. Diese Situation beendete das „Volksjagdrecht" in der DDR. Das erlaubte jedem Bürger die Jagd, unabhängig, ob er ein Stück Wald besaß. Man musste sich nur einer Jagdgemeinschaft anschließen und zahlte einen symbolischen Preis. Allerdings bestand ein Ablieferungszwang der erlegten Beute. So weit die Theorie. Praktisch war Jagen eine Sache der Elite. Die offizielle Losung „Die Jagd gehört dem Volke" ergänzte der Volksmund deshalb keck mit „... und die Hirsche den Funktionären".

7 Jagdhornblasen ist nicht wildes Rumtuten, sondern ziemlich kompliziert.

Wer glaubt, Hornblasen sei nur simples „Törö-Törö", irrt gewaltig. Für alle jagdspezifischen Ereignisse sind genaue Tonsignale vorgesehen – zum Beispiel für „Hirsch tot!", „Hase tot!" und „Auf zum Essen!". Um zu ermitteln, wer am besten blasen kann, gibt es in Sachsen-Anhalt jedes Jahr den „Landesbläserwettbewerb". Dabei stellt sich meist ein gutes Dutzend Gruppen der Konkurrenz. Die einzelnen Tonsignale haben unterschiedliche Schwierigkeitsgrade. So messen Blasprofis der Tonfolge für „Hirsch tot" einen Schwierigkeitsgrad von 5 zu, während die Information „Auf zum Essen!" lediglich Schwierigkeitsstufe 3 ist.

8 Greifvögel gehen in Industrieanlagen auf Beizjagd.

Eine ganz besondere Tradition pflegen die rund 70 Falkner und Falknerinnen Sachsen-Anhalts. Mit ihren Greifvögeln gehen sie auf die sogenannte Beizjagd. Dabei stürzen sich die Vögel, bei denen es sich meist um Falken handelt, mit bis zu 350 km/h vom Himmel. Ziel der Beizjagd ist es, kranke und tote Tiere im Wald aufzuspüren. Aber auch Industrieanlagen werden durch die Falknerei vor ungebetenen Gästen geschützt, indem beispielsweise Vogelnester auf Schornsteinen zerstört werden. Hautnah erlebbar ist die traditionelle Kunst der Falknerei jedes Jahr im Sommer auf Burg Falkenstein. Besuchern bieten sich täglich eindrucksvolle Shows.

Kaffee

Frisch gebrühter Kaffee gehört heute auf jeden Frühstückstisch. Und auch bei der Produktion dieses Buches sind – grob geschätzt – mindestens 180 Liter vertilgt worden.

 In Naumburg durften um 1700 nur Männer Kaffee ausschenken.

Ende der 1680er Jahre kam der Kaffee nach Naumburg und mit ihm die Unmoral. Die ersten Kaffeehäuser der Stadt waren temporäre Geschäfte. Sie öffneten meist nur zur alljährlichen Peter-Pauls-Messe, um ihren damals ungewohnten exotischen Trunk anzubieten. Allerdings hatten die „Cafés" einen üblen Ruf. Zu Recht! Immer wieder ergingen an den Rat der Stadt Beschwerden und Anzeigen über zwielichtiges, höchst unmoralisches Verhalten in den Hinterstuben der Kaffeehäuser. Die hätten sich wohl eher als Freudenhäuser titulieren müssen. Den weiblichen Bediensteten hing daher schnell der Ruf an, sie seien in Wahrheit Prostituierte. Und tatsächlich: Bei Razzien wurden immer wieder Kaffeehausbesucher und „Weibspersonen" in zerwühlten Betten angetroffen. Ohne Kaffeetassen! Wohl deswegen verweigerte der Naumburger Rat 1701 einer Leipziger Wirtin die Kaffeehaus-Konzession mit der Begründung, dass „alleine Mannspersonen das Ausschenken verrichten" dürften.

❷ Aus Abscheu vor dem echten Kaffee erfand ein Köthener falschen.

Der bekannte Heilpraktiker Arthur Lutze (1813–1870), der sich selbst als größter Anhänger und geistigen Erben des Homöopathie-Begründers Samuel Hahnemann pries, war wie alle Anhänger der sanften Medizin ein strikter Gegner des Bohnenkaffees. Schon Meister Hahnemann sah in dem eine Gefahr für Sitte und Anstand: „Selbst den Geschlechtstrieb, der in unserem Zeitalter zum herrschenden Hauptgenusse raffiniert wird, macht der Kaffee, mehr als jedes andere künstliche Mittel, rege. Blitzschnell entstehen wollüstige Bilder, selbst bei mäßiger Veranlassung. Die Erregung der Geschlechtsteile bis zur Extase bedarf nur weniger Augenblicke; die Ergießung ist fast unaufhaltbar." Lutze setzte diesem Schreckensbild noch weitere hinzu, indem er im Kaffee Trinken die „Ursache der meisten herrschenden Übel", wie „Kopfschmerzen, Zahnweh und die Überreiztheit der Sinnesorgane und des gesamten Nervensystems" sah. Selbst das Furzen führte er auf Kaffeegenuss zurück. Insbesondere für Frauen müsse ein striktes Kaffeeverbot gelten. Als Alternative entwickelte Lutze einen „Gesundheitskaffee". Der bestand vor allem aus Gerste und kam unter dem Namen „Wittigs Gesundheits-Kaffee" in den Handel. Ein wahres Millionengeschäft für Lutze und den Köthener Malzfabrikanten Adolph Wittig.

❸ Mit Zichorienkaffee verdienten sich Fabrikanten eine goldene Nase.

Im 18. und 19. Jahrhundert war Bohnenkaffee für die meisten Menschen unerschwinglich. Der Importartikel blieb daher fast ausschließlich Vermögenden vorbehalten. Um wenigstens annähernd in den Genuss von Kaffee zu kommen, tranken die ärmeren Schichten Zichorienkaffee. Der Ersatzkaffee wird aus den Wurzeln der Pflanze Wegwarte, einer Verwandeten des Chicorée, gewonnen. Dazu werden die Wurzeln klein gehäckselt, drei Monate getrocknet und schließlich bis zum Karamellisieren geröstet. Fein gemahlen und mit Wasser übergossen, erinnert der Geschmack entfernt an echten Kaffee. Selbst mit diesem preiswerten „Muckefuck" konnten gewiefte Unternehmer, wie der Haldensleber Multi-Industrielle Johann Gottlob Nathusius (1760–1835), ein Vermögen verdienen. Insbesondere auf dem Gebiet des heutigen Sachsen-Anhalt entstand eine richtige Zichorien-Industrie. Einen wahren Boom erlebte die ab 1806. Durch die napoleonische Kontinentalsperre, die die alten Kaffeehandelswege abschnitt, entstand ein großer Bedarf für die Plörre.

4 Halberstadt hat einen besonderen Ruf als Kaffeestadt.

Seit mindestens 250 Jahren wird in Halberstadt Kaffee geröstet. Alte Chroniken berichten, dass die Stadt teilweise zwei Wochen lang in Rauchschwaden aus den Röstereien eingehüllt war. Entscheidender für den Ruf als Kaffeemetropole war jedoch der Betrieb der Brüder Büttner. 1903 gründeten sie ihre Rösterei, die stetig wuchs. 1925 eröffneten die Büttners am Berliner Wittenbergplatz, direkt gegenüber dem Kaufhaus des Westens (KaDeWe), eine Filiale. Wie enorm die Nachfrage nach Kaffee aus Halberstadt war, zeigen die Produktionskapazitäten: Bis zu 7,5 Tonnen konnten pro Tag verarbeitet werden. Ihren größten Ruhm heimsten die Brüder jedoch mit ihrem 1927 patentierten Porzellanfilter ein. Er wurde ein echter Verkaufshit und hat bei Kaffee-Genießern bis heute Kultstatus.

In deren Augen ist er „der beste Kaffeefilter der Welt". Wie schnell einem eine gute Tasse Kaffee allerdings zum Verhängnis werden kann, zeigt die Episode um die beiden teuersten Tassen Kaffee der Landesgeschichte. Demnach wollte der Halberstädter Regierungsdirektor Freiherr von Geudern (1710–1770) zusammen mit einem Bekannten eine Tasse des belebenden Getränks genießen. Da es Sommer war und es die beiden Herren vorzogen, im Schatten zu sitzen, steuerten sie schnurstracks eine Kirche an, wo gerade eine Orgelprobe stattfand. Im Kühlen weilend, schlürften sie jeder einen mitgebrachten Pott Kaffee. Die Freude daran währte nicht lange. Ein Steuerbeamter, der Zeuge des Kaffeeklatsches im Gotteshaus war, zeigte die beiden beim streng gläubigen Preußenkönig Friedrich Wilhelm I. (1688–1740) wegen „Kirchenschändung" an. Die Strafe folgte auf dem Fuß: 1.000 Taler brummte der König Geudern auf.

5 Eine Magdeburger Erfindung rettete die DDR in ihrer Kaffeekrise.

Das Jahr 1977 stellte die Kaffeetrinker der DDR auf eine harte Probe – und die Staatsführung vor ein nahezu existenzielles Problem. Wegen einer Missernte in Brasilien verdoppelte sich innerhalb weniger Monate der weltweite Rohkaffeepreis. Für die notorisch devisenschwache DDR ein riesiges Problem. Schnell kam es in den Läden zu sichtbaren Engpässen und deutlich vernehmbarem Grummeln in der Bevölkerung. Eine kurzfristige Lösung war – Staatlicher Planwirtschaft sei Dank! – die Abschaffung der preiswertesten Kaffeesorte. Statt „Kosta" gab es nur noch die teureren Produkte „Mona" und „Rondo" zu kaufen. Das SED-Politbüro diskutierte außerdem ernsthaft darüber, den Ausschank von Kaffee in Gaststätten und Betrieben zu verbieten. Aus Angst vor Aufständen verwarf man die Idee und brachte lieber einen „Kaffee-Mix" auf den Markt. Der war für DDR-Verhältnisse zwar hübsch verpackt, schmeckte aber gräuslich und führte deshalb zu zahlreichen Eingaben

aufgebrachter Bürger. Kein Wunder, denn der Kaffeemix bestand nur zur Hälfte aus echten, aber minderwertigen Bohnen. Zum Rest gehörte eine ordentliche Portion Erbsmehl. Dessen bitteren Nachgeschmack mag so mancher noch ertragen haben, dass die Masse aber zum Verstopfen von Kaffeemaschinen führte, war dann doch zu viel. Der Volksmund lästerte empört: „Jacobs ist die Krönung, Erichs Kaffee-Mix der Gipfel!" Deutliche Entspannung an der Kaffeefront brachte, neben sinkenden Weltmarktpreisen, ab 1981 eine Magdeburger Erfindung. Im Betrieb „Röstfein" entwickelten findige Forscher das Wirbelschichtröstverfahren. Dabei werden die Bohnen statt in Trommeln in Wasserdampf wirbelnd geröstet. Der Rohkaffee wird so sehr viel sparsamer verarbeitet. Das kluge Patent rettete nicht nur vorübergehend den inneren Frieden in der DDR, sondern nach der Wende auch die Magdeburger Firma. Heute ist „Röstfein" die letzte industrielle Kaffeerösterei Ostdeutschlands. Von einst 7 DDR-Betrieben ist sie die einzige, die überlebte. Grund: Nach der Wende ließen auch große Markenfirmen aus dem Westen ihren Kaffee schön sparsam in Magdeburg rösten.

Karneval

Karneval oder Fasching? Welcher Begriff der richtige ist, ist keine regionale, sondern lokale Ansichtssache. Fest steht allerdings: Ganz Sachsen-Anhalt ist überraschend närrisch.

 Das Verkleiden mit Masken ist ein uralter Brauch.

Archäologen fanden in einem Frauengrab bei Bad Dürrenberg eine über 9.000 Jahre alte Maske. Funde wie dieser sind absolut selten, da Masken meist aus organischen Materialien bestanden, die verrotten. Warum Menschen damals begannen, sich zu verkleiden, ist für die Wissenschaftler nicht restlos geklärt.

 Sachsen-Anhalt ist närrischer als gemeinhin angenommen

Ein Blick in das sachsen-anhaltische Vereinsregister bringt voreingenommene Betrachter zum Staunen: Im Land gibt es etwa 190 Karnevalsvereine mit rund 17.000 aktiven Mitgliedern. Der unvoreingenommene Betrachter weiß hingegen schon lange: Die Sachsen-Anhalter haben jede Menge Humor.

Deutschlands ältester Karnevalsverein ist in Sachsen-Anhalt zu Hause.

Als sich im Rheinland – der deutschen Karneval-Hochburg schlechthin – die ersten Narrenvereine gründeten, war das in Martinsrieth längst 'ne alte Narrenkappe. Schon 1809 fanden sich in der beschaulichen Gemeinde im Landkreis Mansfeld-Südharz acht Herren zum „Martinsriether Fastnachtverein" zusammen. Die Gründungsurkunde befindet sich bis heute im Besitz des Vereins und verrät, dass die Narren-Ahnen allesamt Drescher von Beruf waren. Ganz offen-

sichtlich griffen sie mit der Gründung des Clubs auf eine sehr viel ältere Tradition zurück und überführten sie nur in feste Organisationsstrukturen. Seit über zweihundert Jahren wird in Martinsrieth durchgängig närrisch gefeiert. Nur zweimal fiel das Fest aus. Derart lange Tradition ließ andere vor Neid streitsüchtig werden. Anstatt sich zu freuen, den ältesten Karnevalsclub als Nachbarn zu haben, durchforstete man im nahe gelegenen Hackpfüffel Chroniken und entdeckte freudig, dass bereits 1792 ein Karnevalszug durch den Ort gerumpelt war. Allerdings hielten die Hackpfüffler ihre Tradtion nicht durch.

Auch außerhalb der Saison machen Narren Quatsch – zum Beispiel tanzend.

Jedes Jahr im April gibt es die Landesmeisterschaft der Männerballette. Beim Ringen um den begehrten Pokal gelten für alle Mitwirkende äußerst strenge Bewertungsregeln. Die offiziellen Jurykriterien legen detailliert fest, was wie benotet wird. Pluspunkte gibt es für „saubere Kostüme", ein „angemessenes

Verhältnis zwischen Tanz und Akrobatik", „angemessenes Schminken" sowie „sinnvoll in den Tanz eingebaute Kostümwechsel". Punkteabzug drohen hingegen bei übermäßigem Alkoholpegel der Tänzer, der Verunglimpfung kirchlicher Symbole und dem Auftritt unter 16-Jähriger. Sofort disqualifiziert werden Gruppen, die die aller-allerschlimmste Männerballett-Todsünde der Welt begehen: wenn in ihrer Reihe eine echte Frau mittanzt.

5 Die Schlachtrufe der Narren sind von Ort zu Ort verschieden.

Nur Faschingsmuffel und Karnevaligno-ranten glauben, dass sich alle Narren ständig ein heiteres und beschwingtes „Helau" entgegen brüllen. Natürlich stimmt das nicht! Die meisten Karnevalsvereine haben ihren eigenen, individuellen und sorgsam gepflegten Ruf. Sachsen-Anhalt macht da keine Ausnahme. So ruft man sich in Köthen lauthals „Ku Ka Kö" zu. Die Abkürzung steht für „Kuhkaff Köthen". Tierisch lustig sind auch die Rufe der Bernburger und Schackstedter. Die Bernburger

bringen sich mit „Lazi Hopp" in Stimmung, wobei Lazi der Spitzname des Bernburger Bären ist. Und die Schackstedter schmettern: „Horrido, fass die Sau am Schwanze!" Damit ist jedoch keine konkrete Sau gemeint. Ähnlich wie beim Köthener „Ku Ka Kö" setzen auch andere Vereine auf den Zauber der Abkürzung. So meinen die Gölzauer mit ihrem „Hei Lu Ve" heiter, lustig und vergnügt, und das Werdershausener „Wu De Schö" steht für wunderschön. Spanisch angehaucht ist der Narren-ruf der Holzdorfer, die gerne mal ein donnerndes „HKC-Olé" in den Saal werfen. Gänzlich aus der Reihe fällt der Staßfurter Ruf „Pfeffer – Salz".

 Karnevalsumzüge waren zeitweise verboten und hatten prominente Gegner.

Das tolle Treiben zur Fastnacht war der Obrigkeit häufig ein Dorn im Auge und wurde meist kurzerhand verboten. Beispiel Wernigerode: 1570 stellte der Rat der Stadt „Mummereien" und das „Verstellen des Angesichts" unter Strafe. Auch aus anderen Orten sind Schabernack-Verbote bekannt, so aus Veckenstedt (1620) und Ilsenburg (1653). Martin Luther hätte es erfreut. Die protestantische Spaßbrense war ein strikter Karnevalsgegner und verurteilte das aus seiner Sicht teuflische Treiben.

 Der Köthener Umzug ist der größte Karnevalszug Ostdeutschlands.

Jedes Jahr zu Rosenmontag setzen sich bis zu 80 Wagen und 3.000 Spaßmacher in Bewegung. Ihren Anfang nahm die Köthener Tradition 1954 mit Hilfe Kölner Jecken. Aus Kontakten einiger Handwerksmeister in die westdeutsche Rheinmetropole ergab sich eine praktische deutsch-deutsche Narrenhilfe. Allerdings nur bis 1959. Unter einem Vorwand wurde das bunte Treiben von den DDR-Behörden verboten. Erst seit 1992 klingt der Schlachtruf „Ku Ka Kö" wieder durch die Bachstadt.

Luther

*Die Spaltung der Kirche, die erste Bibelüber-
setzung in eine Alltagssprache, die Vertreibung
des Teufels mit dem Tintenfass – das sind
enorme Leistungen. Für das Landeskind
Martin Luther nur einige unter vielen.*

1 **Luthers Geburtshaus
ist nicht Luthers echtes
Geburtshaus.**

2 **Auch Luthers Sterbehaus
in Eisleben ist nicht sein
echtes Sterbehaus.**

Für Protestanten aus aller Welt ist das
Eisleber Geburtshaus von Martin Luther
(1483–1546) eine Pilgerstätte. Von
weither reisen sie an, um hier ihrem Idol
nahe zu sein. Was die wenigsten wissen,
geschweige denn ahnen: Das Haus ist
gar nicht das Haus, in dem Luthers erste
Schreie erklangen. Das Originalgebäude
brannte ab. Erst 210 Jahre nach seiner
Geburt baute man ein komplett anders
aussehendes Haus. Immerhin: Das gilt
als das älteste Museum Deutschlands.

Höchst dekorativ und hübsch sakral
sieht Luthers Sterbezimmer aus. In
einem dunklen, holzgetäfelten Raum
präsentiert eine altargleiche Vitrine sein
Bahrtuch und die Totenmaske. Das wür-
devolle Ambiente ändert jedoch nichts
daran, dass es sich beim „Sterbezimmer"
um ein reines Phantasieprodukt handelt.
Es entstand rund 350 Jahre nach dem
Tod des Reformators. Und um das
Ganze noch zu steigern: Luther starb in
einem ganz anderen Eisleber Haus.

Ob Luther seine 95 Thesen wirklich annagelte, ist in der Forschung umstritten.

Viele Jahrhunderte war die Geschichte über Luthers Thesenanschlag wider den Ablasshandel unumstritten. Demnach klopfte der Theologe seine 95 Thesen am 31. Oktober 1517 mit Hilfe eines Nagels und eines Hammers an die Pforte der Wittenberger Schlosskirche. Seit 1961 wird die Geschichte mit Skepsis gesehen. Der – ausgerechnet! – katholische Kirchenhistoriker Erwin Iserloh wies darauf hin, dass es gar keine Augenzeugenberichte zur Nagelaktion gäbe. Und tatsächlich: Die älteste Bezugung des Anschlages geht auf Luthers Freund Melanchthon (1497–1560) zurück. Nur hat seine Darstellung erhebliche Schwächen: Er war zu dem Zeitpunkt gar nicht in Wittenberg und kann daher gar nicht Augenzeuge gewesen sein. Zudem schrieb Melanchthon seine Version erst 30 Jahre später auf. Relativ spät für eine wahrhaft historische Tat. Anhänger der romantischen Nagel-Version konnten sich Ende 2006 dennoch freuen. Da fand sich in Jena eine Notiz von Luthers Sekretär Georg Rörer (1492–1557), der den Thesenanschlag auch erwähnt. Das die Geschichte nun endgültig geklärt ist, darf man jedoch nicht erwarten. Es gibt nämlich schriftliche Bekenntnisse Luthers, der abstreitet, dass er die Thesen selbst öffentlich annagelte.

 Luthers Berufsziel war zunächst nicht „Kirchenspalter".

1501 nahm Luther in Erfurt sein Studium der „Sieben Freien Künste" auf. Dieses Grundstudium bereitete ihn auf sein künftiges Hauptfach Jura vor – eine Richtung, die nicht Martins, sondern Papas Wunsch war. Doch die Sache mit der Juristerei gab sich schnell. Auf einer Reise von seinen Eltern zur Uni wurde Luther fast von einem Blitz getroffen. Darin sah er ein göttliches Zeichen und wechselte flugs zu Theologie. Zum großen Ärger seines Vaters.

 Das „Christkind" ist eine Erfindung von Martin Luther ...

... jedoch nicht aus christlicher Nächstenliebe. Sein „Christkind" sollte dem katholischen Nikolaus den Rang ablaufen. Der brachte seit alters her artigen Kindern am 6. Dezember Geschenke. Da Luther die katholische Heiligenverehrung ablehnte, erfand er die Figur des Christkindes. Die Ironie: In den evangelischen Regionen Deutschlands wurde es im Laufe der Zeit vom Weihnachtsmann verdrängt, während die Katholiken das Christkind übernahmen.

6 Luther erfand und popularisierte Redensarten, die das Deutsche prägen.

Beim Übersetzen der Heiligen Schrift ins Deutsche gelangen dem Reformator zahlreiche sprachliche Bilder mit ungeheurer Ausdruckskraft. Ihre Stärke führt dazu, dass sie selbst nach 450 Jahren noch zur Alltagssprache gehören. Zu den bekanntesten Phrasen zählen Wendungen wie „in den sauren Apfel beißen", „Berge versetzen" und „Hummeln im Arsch". Genau genommen war Martin Luther bei den meisten Formulierungen nicht der Schöpfer. Die Redensarten teilen sich vielmehr in drei Gruppen auf: in diejenigen, die Luther wirklich erfand; in die, die Luther direkt ins Deutsche übersetzte; und schließlich in jene, die Luther in seinem sprichwörtlichen Bestreben „dem Volke vom Maul" abschaute.

7 Zu Ehren Luthers wachsen überall in Deutschland Bäume.

Lutherbuchen, Lutherlinden und Luthereichen – an dendrologischer Vielfalt mangelt es bei Gedenkbäumen zu Ehren des „Heiligen Martin" nicht. Genauso wenig wie an ihrer Zahl. Ihren Anfang nahm die Gedenkbaumbewegung in Wittenberg. Dort wurde an der Stelle, an der Luther 1520 das päpstlichen Schreiben mit dem Bann über ihn verbrannte, eine Eiche gepflanzt. Die sogenannte Luthereiche fand bald viele Nachahmer in Deutschland. Dem Original erging es in Wittenberg prächtig – bis 1813. Da hackten französische Besatzungtruppen den Baum ganz unsentimental einfach ab.

Das Wittenberger Luther-Denkmal ist das älteste für einen Bürgerlichen.

Was für eine unglaubliche Anmaßung! Die Eisleber trauten ihren Augen nicht, als sie 1803 die Zeitungsanzeigen eines Herrn Meinerdeß aus Schöningen bei Helmstedt sahen. Der rief doch tatsächlich zu Spenden für die Errichtung eines Luther-Denkmales in Helmstedt auf. Helmstedt! Ausgerechnet! Ein Ort, der mit Luther so gar nichts zu tun hatte! Und dort sollte das erste Lutherdenkmal der Welt entstehen? Der finstere Plan löste im Geburts- und Sterbeort des Reformators hektische Aktivitäten aus und riss die bereits zwei Jahre zuvor gegründete „Vaterländisch-Literarische Gesellschaft" aus ihrem Tiefschlaf. Schließlich war auch sie mit dem Ziel angetreten, einen Erinnerungsort für den größten Sohn der Stadt zu errichten. Denkmäler für Nichtadlige gab es damals noch nirgendwo in Deutschland. Deshalb mussten die Lutherfans gegen allerlei Vorurteile kämpfen, die zum Teil mit abstrusen Argumenten begründet wurden. So glaubten die Gegner, dass ein Denkmal Luthers Ansehen eher beschädigen würde: „Der Anblick der Inschrift würde ein mitleidiges Lächeln abzwingen, in dem er das Lob dieses Mannes in dem Augenblick aus vieler tausend Menschen Stimmen hören könnte." Der patriotische Verein ließ sich davon nicht beeindrucken und ging auf erfolgreiche Spendenjagd. Zahlreiche protestantische Landesfürsten und die Preußen-Ikone Louise öffneten ihre Schatulle und gaben großzügig für eine Lutherstatue. Sogar ein Künstlerwettbewerb wurde ausgelobt. Allein – es kam anders, als es sich die Eisleber erhofften. Zeitgleich forcierten nämlich auch die Mansfelder den Plan, einen Bronze-Luther zu errichten. Die Eifersüchteleien zwischen beiden Orten ging dem preußischen König Friedrich Wilhelm III. zunehmend auf die Nerven. „Wenn zwei sich streiten, freut sich Wittenberg", sagte er sich und bestimmte flugs den Wittenberger Marktplatz zum Standort. Eisleben und Mansfeld mussten sogar alle gesammelten Spenden an Wittenberg abliefern. Der Dank blieb aus. Kein Eisleber und kein Mansfelder wurde 1821 zur Denkmalweihe eingeladen.

Mansfelder Land

Die beiden Knappen Nappian und Neucke fanden 1199 bei Hettstedt zufällig Kupfererz. Damit begann der Legende nach die Bergbautradition im Mansfelder Land.

 Die älteste Einwohnerin des Mansfelder Landes ist persönlich bekannt.

Zudem weiß man sehr genau, dass sie ziemlich stämmig und am Körper komplett behaart war. Ihren aktuellen Wohnsitz hat die Ur-Mansfelderin im Spengler-Museum Sangerhausen. Dort ist sie ein zentrales Ausstellungsstück und zieht Besucher von nah und fern an. Des Rätsels Lösung: Bei der Dame handelt es sich um ein rund 500.000 Jahre altes Mammut mit beachtlichen Ausmaßen. Sechs Meter lang und vier Meter hoch, brachte sie es zu Lebzeiten auf acht Tonnen Gewicht – der Diätwahn war in der Elsterkaltzeit gänzlich

unbekannt. Gefunden wurde das Mammut, bei dem es sich wissenschaftlich korrekt formuliert um einen Steppenelefant handelt, 1930 in einer Kiesgrube bei Edersleben. Innerhalb von drei Jahren grub der Heimatforscher Gustav Adolf Spengler (1869–1961) die Schwergewichtige aus und nahm sie mit zu sich nach Haus. Dort stellte sich heraus, was bis heute gilt: Das Edersleber Mammut ist das älteste vollständig erhaltene Deutschlands. Stolz über seinen Fund baute Spengler die Dame teilweise in seinem häuslichen Privatmuseum auf. 1937 ging es in die Obhut der Stadt Sangerhausen über. Die spendierte 1952 einen extra großen Neubau, um das Skelett nun in ganzer Größe zu zeigen.

**Für einige sind es Müll-
berge – für Mansfelder die
schönsten Halden der Welt.**

Die Mansfelder lieben Schuttberge. Genauer gesagt: Sie verehren die allgegen-
wärtigen Abraumhalden. Davon gibt
es in der Region rund 2.000 – schließlich sammelt sich in über 800 Jahren
Kupferbergbau eine Menge an. Weil die
Bedeutung der Industrie für Geschichte
und Kultur der Region keinesfalls zu
unterschätzen ist und die Abraumhalden
ihr sichtbarstes Symbol sind, stehen sie
unter Denkmalschutz. Die auffälligs-
ten Halden sind die drei „Mansfelder
Pyramiden" an der Bundesstraße B 180
zwischen Eisleben und Hettstedt. Hier
lagern die zu Tage geförderten Überreste
aus den ehemaligen Schachtanlagen
„Thälmann", „Brosowski" und „Fortschritt". Letztere war besonders produk-
tiv – ihr Kegel ist mit 153 Metern

der höchste. Helle Aufregung herrschte
in jüngster Vergangenheit über das ge-
plante Verschwinden einiger Halden. Sie
werden teilweise rückgebaut und finden
als Schotter im Straßenbau Verwendung. Dagegen richten sich Bürgerini-
tiativen, die die Halden erhalten wollen.
Immer wieder traten auch Unternehmer
auf, die behaupteten, aus den Berg-
bauresten Bodenschätze herausfiltern
zu können. Dafür bekamen sie vom
Land mitunter erhebliche Fördergelder.
Erfolg hatte niemand. Der dreisteste
Betrug ereignete sich Anfang der 90er
Jahre. Ein Chemiker aus Landau (Pfalz)
schwatzte dem Land 2,7 Millionen
Mark ab – und tat nichts. Im Gegenteil.
Er lud lediglich radioaktiv belasteten
Abraum in 153 Eisenbahnwaggons und
stellte sie auf einem stillgelegten Gleis
ab. Der „Hettstedter Giftzug" wurde
erst vier Jahre später und auf Kosten der
Steuerzahler entsorgt.

12 Milliarden

3 Der Mansfelder Dialekt ist erforscht und schriftlich festgehalten.

Im Jahr 1888 veröffentlichte Richard Jecht (1858–1945) das „Wörterbuch der Mansfelder Mundart". Sorgfältig notierte er darin die besonderen Ausdrücke des Dialektes und unterschied sogar drei Unterarten: den Seedialekt um Alsleben und Gerbstedt, den Gebirgsdialekt um Hettstedt und Mansfeld sowie das Saalmansfeldisch. Sogar Flüche verzeichnete Jecht wissenschaftlich genau und dozierte einleitend: „Unsere Mundart hat deren in Hülle und Fülle; meist klingen dieselben für den Fremden allerdings graulich genug. Wer jedoch das Volk näher kennt, weiß, daß der Mansfelder zumeist mit ihnen gar nicht so Schlimmes zum Ausdruck bringen will." *Ich ja Dich äne in de Fresse!*

4 **Im Mansfelder Land lagerte einer der bedeutendsten Silberschätze Europas.**

Rund 18.000 Tonnen des Edelmetalls wurden seit etwa 1200 im Mansfelder Revier gefördert. Das entspräche heute einem Marktwert von rund 12 Milliarden Euro. Allerdings war es nie so, dass Bergleute einfach mit einem Hammer Silberklumpen aus dem Berg hauten. Vielmehr ist der Silberabbau direkt mit dem Kupferabbau verbunden. Die aus dem Berg geholten Kupferschiefer-Stücke enthalten Silberanteile, die erst in einem aufwendigen metallurgischen Prozess herausgetrennt werden. Bei der sogenannten Seigerung verflüssigt sich das Kupfererz unter Zugabe von Blei. In der Schmelze trennen sich dann Kupfer und Silber. Diesen traditionellen Prozess revolutionierte ab 1826 ein neues Entsilberungsverfahren im „Amalgamierwerk zur Gottesbelohnung" Großörne.

5 **Trotz der vielen Bodenschätze ging die Grafschaft Mansfeld pleite.**

Aufgrund einer dümmlichen Erbfolge-Regelung ihrer adligen Herrscher zerstückelte sich die Grafschaft Mansfeld – ganz ähnlich wie die anhaltischen Länder – im Laufe der Zeit in kleinste Kleinstaaten. Aus einer einzelnen Grafschaft entstanden 1501 drei: Mansfeld-Vorderort, Mansfeld-Mittelort und Mansfeld-Hinterort. 1563 zerfiel Vorderort noch einmal in sechs weitere Ministaaten. Kein Wunder, dass diese kleinen Gebilde wirtschaftlich nicht zurechtkamen. Ab 1570 wurden sie unter Zwangsverwaltung einer kaiserlichen Kommission gestellt und schließlich zwischen dem Kurfürstentum Sachsen und dem Erzbistum Magdeburg aufgeteilt.

Meteorologie

*Kräht der Hahn auf dem Mist, ändert
sich das Wetter – oder es bleibt, wie es ist.
Dass Wettervorhersagen heute gelegentlich
etwas präziser sind, liegt auch an
Forschern aus Sachsen-Anhalt.*

 **Otto von Guericke
gilt als einer der ersten
Meteorologen.**

Berühmtheit erlangte der Magdeburger
Bürgermeister mit seinem Halbkugel-
Experiment. Neben dieser Meisterleistung verblasst meist, dass sich Otto von
Guericke (1602–1686) umfassend mit
Wetterphänomenen beschäftigte. Prak-
tisches Ergebnis seiner Forschungen war
im Dezember 1660 sein „Magdeburger
Wettermännchen", ein Barometer, dass
er direkt am Rathaus installierte. In der
mit Wasser gefüllten Barometersäule
schwamm eine Holzfigur, die auch phy-
sikalisch Unkundigen anzeigte, wie
das Wetter wird. Mit dem Gerät gelang
Guericke sofort eine spektakuläre Wet-
tervorhersage. Weil es einen extrem stark
fallenden Luftdruck anzeigte, prophe-
zeite der Erfinder seinen Mitbürgern
ein schweres Unwetter. Und tatsächlich:
Knapp zwei Stunden später brauste ein
ungewöhnlich starker Sturm über die
Stadt. Der Bürgermeister wurde so (mal
wieder) zum Held – und ganz nebenbei
zum ersten Meteorologen der Welt.

In Halle wurde das erste moderne Lehrbuch der Meteorologie geschrieben.

Zwischen 1831 und 1836 brachte Ludwig Friedrich Kämtz (1801–1867) in der Saalestadt sein dreibändiges „Lehrbuch der Meteorologie" zu Papier. Es wurde zur Grundlage für alle weiteren wissenschaftlichen Beschäftigungen mit Wetterphänomenen. Mit Wettervorhersagen wollte Kämtz allerdings nichts zu tun haben: „Gewöhnlich glaubt man, daß der Meteorologe sich damit beschäftige, das Wetter vorauszusagen, ja man fordert nicht selten, daß er dieses mit hinreichender Gewißheit tun müsse. Wie lächerlich eine solche Behauptung ist, fühlt wohl niemand besser als der Meteorologe. Er ist durchaus nichts anderes als ein Geschichtsschreiber der Witterung, und so wenig wie man es von einem Erzähler der Völkergeschichte fordert, dass er die zukünftigen Ereignisse mit Bestimmtheit angebe, ebensowenig darf man es von ihm verlangen."

Deutschlands erste Wetterkarte erschien in Magdeburg.

Die „Magdeburgische Zeitung", bis zu ihrer kriegsbedingten Einstellung 1944 die älteste durchgehend erscheinende Tageszeitung Deutschlands, sorgte in ihrer über 300-jährigen Geschichte immer wieder für nützliche Innovationen. Am 12. Dezember 1880 war es wieder einmal so weit. Das Blatt überraschte seine Leser mit dem Abdruck der ersten Wetterkarte Deutschlands. Grundlage der Prognose waren die Daten einer Wetterstation, die die Zeitung selbst mitten in der Stadt betrieb. Einen knappen Monat zuvor war sie in Betrieb gegangen und der ganze Stolz der Verlegerfamilie Faber. Ein 34 Meter hoher Turm mit verglaster Aussichtsplattform lieferte alle benötigten Angaben, wie Luftdruck, Temperatur, Niederschlagsmenge, Windstärke und -richtung.

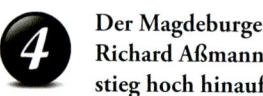

4 Der Magdeburger Richard Aßmann stieg hoch hinauf.

Wohl kaum ein anderer deutscher Forscher gab der Meteorologie wichtigere Impulse als Richard Aßmann (1845–1918). Was als Hobby begann, endete in einer beispiellosen Karriere, die erheblich zur Popularisierung und Verfeinerung der Wetterkunde beitrug. Der gebürtige Magdeburger studierte zunächst Medizin und praktizierte dann im nördlichen Brandenburg als Landarzt. Bei Krankenbesuchen geriet Aßmann immer wieder in Unwetter und ärgerte sich, dass es keine verlässlichen Wettervorhersagen gab. Also begann er mit seinen eigenen Forschungen. Er setzte sie auch fort, als er 1879 in seine Vaterstadt zurückkehrte, um dort eine Chirurgiepraxis zu eröffnen. Mit seiner Wetterbegeisterung steckte Aßmann schnell zwei ehemalige Mitschüler an – die Brüder Robert und Alexander Faber, Besitzer und Herausgeber der „Magdeburgischen Zeitung". Gemeinsam richteten sie eine Wetterwarte ein. Aßmann begann nun mit der Veröffentlichung eigener Wetterprognosen. Zu Hilfe kamen ihm bald die Messdaten von rund 250 Wetterstationen, die ein nahezu flächendeckendes Netz in Mitteldeutschland bildeten. Betreut wurden sie von Mitgliedern des durch Aßmann initiierten „Vereins für landwirtschaftliche Wetterkunde". Schließlich hängte er seinen Medizinberuf an den Nagel und drückte in Halle noch einmal im Turbogang die Uni-Bänke. Innerhalb von zwei Jahren promo- und habilitierte Aßmann in Meteorologie und Klimatologie. Die höheren akademischen Weihen empfahlen den Praktiker schließlich für einen Leitungsposten am Königlichen Meteorologischen Institut in Berlin. Hier lief Aßmann zur Höchstform auf: Auf sein Betreiben hin wurden ab 1888 erstmals mit Hilfe von be- und

unbemannten Ballons Messungen in der Atmosphäre durchgeführt. Aßmann organisierte sogar eine internationale Vergleichsstudie. An verschiedenen Orten der Welt stiegen zum gleichen Zeitpunkt bemannte Ballons in die Luft, um die Temperaturen in bestimmten unterschiedlichen Höhen zu messen. Und noch eine wissenschaftliche Großtat gelang dem Magdeburger: Zeitgleich mit einem französischen Forscher entdeckte er die Stratosphäre.

Die Wetterstation auf dem Brocken ist die höchste Norddeutschlands.

 In einigen Orten Sachsen-Anhalts fällt ganz besonderer Schnee.

Seit rund 175 Jahren werden auf dem Gipfel regelmäßig Wetterdaten aufgezeichnet. Brockenwirt Eduard Nehse (1793–1855) war der Pionier. 1838 installierte er eine feste Messanlage und übernahm den Protokollanten-Job. Damit war Nehse aber nicht der Erste, der überhaupt das Wetter beobachte. Karl Wilhelm von Oesfeld nahm schon früher eine Reihenmessung vor. 1820 notierte er einen Monat lang den täglichen Luftdruck. Eine richtige Wetterwarte mit täglicher Aufzeichnung nahm schließlich am 31. Mai 1896 ihren Betrieb auf.

In Bitterfeld, Wolfen und Merseburg rieselt manchmal sogenannter Industrieschnee. Das Besondere an ihm: Er fällt nur auf ganz eng begrenztem Raum. So kann es vorkommen, das direkt neben einer zentimeterdicken Schneeschicht alles grün bleibt. Am Zustandekommen der ungewöhnlichen weißen Pracht sind gleich mehrere Faktoren beteiligt. Zum einen die sogenannte Inversionswetterlage. Bei ihr sind die bodennahen Luftschichten kalt, die höheren Luftschichten warm. Wenn dann kaum Wind weht und – das ist der zweite Faktor – eine Industrieanlage in der Nähe Wasserdampf ablässt, heißt es: „Leise rieselt der Schnee!"

Militär

Für manche bedeutet Armee bunte Uniformen und 'ne Menge Tschingerassa-Bumm. Für andere ist sie hingegen die überflüssigste Sache der Welt. Unbestritten ist aber, dass das Militär und Sachsen-Anhalt vieles verbindet.

 Die Stadt Magdeburg war bis 1912 eine der stärksten Festungsanlagen Preußens.

Die Zerstörung der Stadt im Dreißigjährigen Krieg und ihre wichtige strategische Lage führten dazu, dass sie ab 1700 zu einer riesigen Festung ausgebaut wurde. Noch heute finden sich zahlreiche Überreste der gewaltigen Anlage, beispielsweise die 2004 freigelegte „Bastion Cleve" am linken Elbufer. Direkt gegenüber auf einer Insel stand einst die Festungszitadelle. Sie diente auch als preußisches Staatsgefängnis. Dort saßen unter anderem Fritz Reuter, Werner Siemens und Gerhard Cornelius Walrave, der Erbauer der Anlage, ein.

 Der preußische Stechschritt ist eine Erfindung aus dem kleinen Anhalt.

Fürst Leopold I. von Anhalt-Dessau (1676–1747), der in Diensten der preußischen Armee stand, ärgerte sich gewaltig über das unkoordinierte Herumlatschen seiner Soldaten im Gefecht. Das minderte die militärische Stärke erheblich. Also erfand der „Alte Dessauer" den „Preußischen Paradeschritt" und ließ ihn mit unbarmherzigem Drill üben. Kombiniert mit neuer Kampftaktik waren die Preußen im Gefecht bald sehr viel schneller und nahezu unschlagbar. Deshalb wurde auch in anderen Staaten der Stechschritt eingeführt.

Der berühmteste Militärtheoretiker der Welt ist Burger.

Carl von Clausewitz (1780–1831) verfasste das Standardwerk „Vom Kriege". Der bekannteste Satz darin: „Krieg ist die Fortsetzung der Politik mit anderen Mitteln." Allerdings wird die Phrase häufig bewusst falsch verstanden und gebraucht. Clausewitz rechtfertigte damit ursprünglich nicht den Krieg als Lösungsmittel, sondern stellte militärisches Handeln unter die Verantwortung der Politik. Veröffentlicht wurde das unvollendete Buch 1832, also erst nach seinem Tod – herausgegeben von seiner Frau Marie. Der praktische Einfluss der theoretischen Schrift ist hoch. Viele berühmte Militärs im In- und Ausland bekannten sich als Clausewitz-Schüler. Auch heute entfaltet das Buch des Burger Bürgers seine Wirkung. Nicht nur im militärischen Bereich: Viele moderne Wirtschaftstheorien sind von strategischen Denkmodellen Clausewitz' beeinflusst, wie zum Beispiel die Idee der Win-Win-Situation.

Einer der wichtigsten Militärs der US-Geschichte stammt aus Magdeburg.

Friedrich Wilhelm von Steuben (1730–1794) wurde in der Elbestadt geboren, erwarb aber fern der Heimat bleibenden Ruhm. Ab 1777 stellte er sich in den Dienst der jungen amerikanischen Republik, die 1775 ihre Unabhängigkeit vom englischen Thron erklärt hatte und nun mitten in einer kriegerischen Auseinandersetzung mit dem britischen Mutterland stand. Die Bedingungen für einen amerikanischen Sieg waren denkbar schlecht. Weder Ausrüstung noch Ausbildung der amerikanischen Truppen reichten an die der britischen Besatzer heran. Steuben, der von niemand Geringerem als George Washington angeheuert wurde, gab der Armee, die zuvor aus einzelnen, nur lose zusammenhängenden Truppen bestand, eine straffe Struktur. Nicht zuletzt dadurch gewann die ehemalige Kolonie den Unabhängigkeitskrieg. Dafür wird Steuben bis heute in den USA geehrt. Vier Orte und zwei Landkreise tragen seinen Namen und jedes Jahr im September zieht durch New York die „Steuben-Parade". Die ist kein Militäraufmarsch, sondern ein fröhlicher Umzug, der an die Verdienste aller deutschen Einwanderer in Amerika erinnert.

Nahverkehr

Im Sommer 2011 beschloss der Halberstädter Stadtrat, den „Einstieg in den Ausstieg des Straßenbahnbetriebs" zu prüfen. Fast gleichzeitig eroberte sich Naumburg seine über alles geliebte Tram zurück.

 In Magdeburg gab es das erste Nahverkehrssystem des Landes.

 Aus unterschiedlichen Gründen schafften Orte ihre Straßenbahnen ab.

Im Oktober 1877 rumpelte die erste Pferdebahn durch die Stadt. Vor einen Wagen, der auf Gleisen fuhr, spannte man einfach ein paar Gäule. Diese Version öffentlichen Transportwesens gab es bis weit nach der Jahrhundertwende auch in anderen Orten Sachsen-Anhalts. Beispielsweise in Schönebeck-Elmen, Wittenberg und Stendal. Als drittletzte Pferdebahn Deutschlands verkehrte die Zerbster noch bis August 1928. Vor einigen Jahren legte man in der Innenstadt alte Gleise frei. Sie stehen nun unter Denkmalschutz.

In Sachsen-Anhalt gibt es heute fünf Orte mit elektrischen Straßenbahnen: Magdeburg, Halle, Naumburg, Halberstadt und Dessau. In anderen Gemeinden endete die große Zeit der Tram lange zuvor. Die Staßfurter verschrotteten ihre Straßenbahn (1900–1957) nach einem tödlichen Unfall. Die Mansfelder Kleinbahn (1900–1922) ging pleite, ebenso die Bernburger Tram (1897–1921). Dabei hatte man dort ein Jahr vor dem Aus extra neue Oberleitungen besorgt. Die alten waren kriegsbedingt eingeschmolzen worden.

In Elbingerode fuhr ein Güter-Obus – genau einen Tag lang.

In drei Orten Sachsen-Anhalts gab es Obuslinien. Magdeburg, Bitterfeld und Elbingerode probierten die damals als futuristisch angesehene Technik aus. Während in Magdeburg zwischen 1951 und 1970 zwei Linien im Personennahverkehr pendelten, setzte man in Bitterfeld ab 1984 auf den Gütertransport. 1988 entschloss sich aufgrund der Bitterfelder Erfahrungen auch der Kalkbetrieb Elbingerode zum Bau einer drei Kilometer langen Güter-Obus-Strecke. Eineinhalb Jahre lang pflanzte man für die Oberleitungen unzählige Betonmasten in die Landschaft. Ende November 1989 fand die erste Testfahrt statt. Sie wurde zum Desaster: Der eingesetzte Lastwagen erlitt einen Getriebeschaden. Durch die politische Wende stellte man bald sämtliche Arbeiten am Projekt ein.

In Halle fuhr die erste elektrische Straßenbahn Kontinentaleuropas.

Am 24. April 1891 wurde in Halle ein Schritt vollzogen, der nicht nur für die deutsche Verkehrsgeschichte von bleibender Bedeutung ist: Durch die Saalestadt fuhr an diesem Tag – auf der Strecke Roßplatz–Schmiedstraße – die erste mit elektrischer Energie angetriebene Straßenbahn auf dem europäischen Festland. Hinter dem Projekt stand der AEG-Konzern, der die „Stadtbahn Halle" ein Jahr zuvor übernommen hatte. Einem zweiten Straßenbahn-Unternehmen, das zur selben Zeit in der Stadt existierte, wurde die Elektrifizierung ihrer Strecke hingegen ausdrücklich untersagt. Das Verbot erfolgte auf Initiative des Physikalischen Institutes der Universität Halle. Die Wissenschaftler befürchteten, dass „der von den Schienen entweichende und sich mit dem Erdmagnetismus verbindende Rückstrom die feinen, außerordentlich empfindlichen magnetischen Instrumente des Institutes beeinträchtigen" würde. Erst 1898, also mehr als acht Jahre nach der Pionierat der AEG, durfte die „Hallesche Straßenbahn AG" ihre Strecke ebenfalls mit Strom betreiben. Der bizarre Kompromiss: Direkt vor der Uni gab es keine Oberleitungen. Auf diesem kleinen Teilstück schaltete die Tram auf Batteriebetrieb um.

Knapp sechs Jahre fuhren in Dessau Gasstraßenbahnen.

Am 14. November 1894 setzte sich die erste mit einem Gasmotor angetriebene Straßenbahn in Bewegung. Hintergrund für die Auswahl der aus heutiger Sicht ungewöhnlichen Motorisierung: Das Projekt finanzierte die in Dessau beheimatete Deutsche Continental-Gas-Gesellschaft, einer der größten Energiekonzerne Europas. Die 2,5 Kilometer lange Strecke führte von der Post zum Friedhof. Relativ schnell erweiterte sich das Streckennetz. Man gründete sogar ein Unternehmen, das Gasbahnen baute. Später entstand daraus der "Waggonbau Dessau". Die Gasbahn setzte sich jedoch nicht durch. Die Dessauer brachen den Versuch ab und vertrauten ab dem März 1901 auf elektrische Triebwagen.

 Der Hallesche Nahverkehr bedient die längste Straßenbahnlinie.

Halle hat das mit Abstand längste Straßenbahnnetz Sachsen-Anhalts. Es erstreckt sich über insgesamt 177 Kilometer. Mit der Überlandstrecke nach Bad Dürrenberg besitzt die Stadt zudem die längste Straßenbahnlinie der neuen Bundesländer. Die 25 Kilometer umfassende Verbindung führt durch Merseburg und Leuna. Seit 1926 ist sie durchgängig zu befahren. Einst hatte die Linie 5 sogar einen Abzweig nach Mücheln. Die Gleise mussten jedoch dem Braunkohletagebau weichen. Für die Strecke, die mehrmals die Saale quert, braucht die Tram etwas mehr als 90 Minuten. Ein Einzelticket für die Landpartie der besonderen Art schlägt mit 2,60 € zu Buche.

7 **Die Naumburger „Zicke"
hat das kleinste Straßen-
bahn-Netz Deutschlands.**

Die Straßenbahn ist den Domstädtern
richtig ans Herz gewachsen, schließlich
war sie auch überregional immer etwas
ganz Besonderes. Bei ihrer Entstehung
1892 war sie die einzige Ring-
bahn Europas, heute ist sie
die kleinste der Bundes-
republik. Die gerade
einmal 2,5 Kilometer
lange Strecke führte
damals wie heute
einmal rund um die
Innenstadt. Dass die Bim-
melbahn überhaupt noch
ihre Runden dreht, grenzt an
ein kleines, allerdings selbst bewirktes
Wunder. Zwischen 1991 und 2007 war
die Bahn bereits stillgelegt, ein Teil der
Gleise verschwanden unterm Straßen-
belag. Damit wollte sich ein rühriger
Verein nicht abfinden. Die „Ille"-Fans
ließen in ihren Bemühungen nie locker
und nahmen 2007 den Betrieb auf eigene Faust wieder auf. Zuvor kratzten sie

freiwillig den Teer von den Gleisen und
überholten die technischen Anlagen. Ihr
Durchhaltevermögen und die intensive
Lobbyarbeit wurden im Dezember 2010
belohnt. Per Landtagsbeschluss wurde
die Naumburger Straßenbahn als fünfte
in den Verkehrsplan der Landes aufge-
nommen. Dass die im Volksmund „Wilde Zicke" genannte Anlage einmal
so beliebt werden würde, konnte
bei ihrer Gründung niemand
vorhersehen. Im Gegenteil!
Zu Beginn war die Bahn
weitgehend unbeliebt. Davon
zeugt der Spitzname. Er zeigt,
dass sie in der Stadt zunächst
für viel Ärger sorgte. Grund:
In den ersten Jahren rumpelte
sie als Dampfstraßenbahn um den
Ring – dunkle Rauchschwaden verpeste-
ten die Luft und hüllten Naumburg in
einen ekligen Schmutzfilm. Erst mit
der Einführung elektrischer Triebwagen
im Jahr 1907 wurde die Beziehung der
Naumburger zu ihrer „Wilden Zicke"
zu einer „never-ending love-story". Und
wenn sie nicht im Depot ist, dann dreht
sie sich noch heut' im Kreise.

65

Originale

Zu Lebzeiten gelten sie meist als verschrobene Existenzen und werden von ihren Mitmenschen schief angesehen. Später erhebt man sie gerne zu Originalen und schmückt sich mit ihnen.

Friedrich Hobusch aus Dessau galt Mitbürgern als zweiter Eulenspiegel.

Christoph Gottlieb Leopold Hobusch (1811–1866) ist in seiner Heimatstadt unvergessen und beliebt. Die Dessauer erzählen sich bis heute Anekdoten um das stadtbekannte Original. Zum Beispiel über Hobusch und die nackte Herzogin. Demnach brüstete sich Hobusch eines Tages damit, er habe die Dessauer Herrscherin nackt gesehen. Erschrocken über so viel Offenheit auf beiden Seiten

bat ihn ein Freund um deutlich mehr Diskretion. Hobusch solle sich bloß nicht um Kopf und Kragen reden. Doch der dachte gar nicht daran. „Wieso denn? Ist doch wahr! Ich habe unter der Flussbrücke nackig gebadet, als sie mit ihrer Kutsche drüber fuhr. Habe ich sie nun nackig gesehen oder nicht?" Wem von Haus aus weniger Mutterwitz gegeben ist, kann sich seit über 90 Jahren Hobuschen Humor antrinken. Ein gleichnamiger Halbbitter-Likör, der in der Stadt fabriziert wird, könnte die Fabulierlust zumindest steigern.

Vom Dörfchen Niemgk bei Bitterfeld überdauerte nur der Goitzschetoffel.

Die Gemeinde musste einst dem Braunkohletagebau weichen, doch ihr bekanntester Einwohner „überlebte". Der bauernschlaue Goitzschetoffel soll heute der gesamten im Umbruch begriffenen Region als Identifikationsfigur dienen. Kleiner Haken an der Sache: In Wahrheit gab es ihn nie. Er ist eine reine Kunstfigur, die allerdings schon um 1900 für regionale Laienbühnen erfunden wurde. Ungeachtet dessen repräsentiert der Toffel auch heute noch die Einwohner der Goitzsche-Gegend kongenial. Als selbstbewusstes Stehaufmännchen nimmt er das Leben, wie es kommt, und macht das Beste draus. Diese Ansicht vertreten zumindest die zahlreichen lokalen Autoren, die Geschichten rund um die Figur schreiben. Seit 2011 ist Toffel übrigens nicht mehr allein unterwegs. Ihm wurde die Lieneliese an die Seite gedichtet. Zusammen treten die Figuren bei vielen Veranstaltungen auf.

Die Magdeburger ehren ihre Originale am liebevollsten.

Seit 1976 sind sechs von ihnen als Plastiken in der Stadtmauer verewigt. Namentlich sind das die Blutappelsine, der Schlackaffe, der Lusebenecke, die Feuerkäwer, der Fliejentutenheinrich und der Affenvater. Um jede Figur ranken sich kleine Geschichten, die in der Landeshauptstadt für bleibende Heiterkeit sorgen. So ist beispielsweise die „Feuerkäwer" auch nach ihrem Ableben noch für ihre Wollust berühmt-berüchtigt. Vor ihrem kleinen Tabakladen soll sich jeden Tag zur Mittagsstunde eine Schar Männer „zufällig" gesammelt haben, denn die Inhaberin stand im Ruf, Mittagspausen nicht allein verbringen zu wollen. Statt Nähe suchten die Magdeburger bei ihrem Lusebenecke lieber schnell das Weite. Der Stadtstreicher war dafür bekannt, eher selten die Annehmlichkeiten einer gründlichen Körperreinigung auszukosten. Entsprechend eilte ihm ein gewisser Geruch voraus – und sicherlich auch nach.

Aus Hundeluft stammt ein echtes falsches Original.

Der Müllergeselle Jakob Rehbock ist der erfolgreichste Hochstapler der Landesgeschichte. 1347 schaute er mal beim Magdeburger Erzbischof Otto vorbei und präsentierte sich ihm als Kurfürst Waldemar. Der Gottesmann war nicht wenig überrascht. Schließlich galt Waldemar als mausetot – und zwar schon seit 29 Jahren. Die Nachricht über Waldemars wundersame Auferstehung aus dem Reich der Toten verbreitete sich in Windeseile und Kaiser Karl IV. ernannt Rehbock prompt zum Herrscher über die Mark Brandenburg. Zwei Jahre regierte der Betrüger, dann flog der Schwindel auf. Großen Ärger gab es allerdings nicht. Der falsche Waldemar lebte bis zu seinem Tod als Edelmann am Dessauer Hof. Aus einem einfachen Grund: Dem regionalen Adel passte der Hochstapler einfach gut ins Konzept. Mit der Herrschaft des Müllergesellen verhinderten sie sehr effektiv, dass die bayrischen Wittelsbacher an die Macht kamen, nachdem die brandenburgische Linie der Akanier ausgestorben war.

Der legandäre Fritze Bollmann wurde in Salbke geboren.

Die legendäre Witzfigur Fritze Bollmann (1852–1901) lebte wirklich. Der Mann und seine Familie stammten aus dem heutigen Magdeburger Stadtteil Salbke. In Brandenburg/Havel betrieb Bollmann später einen kleinen Friseursalon und gelangte dort zu seinem fragwürdigen Ruhm. Über den häufig betrunkenen Friseur, der ihn neckende Kinder auf der Straße verfolgte und mit Rasierschaum bekleckerte, kursierte schon zu Lebzeiten ein Spottlied. Es wurde sogar auf eine Postkarte gedruckt und in hoher Auflage verbreitet. Obwohl Bollmann vor Gericht dagegen klagte und gewann, konnte er den Erfolg des Gassenhauers nicht verhindern. Seine Zeitgenossen machten sich zudem einen Spaß daraus, immer neue Strophen hinzuzudichten. Getreu dem Muster: „Fritze Bollmann wollte angeln, doch die Angel fiel ihm rin, Fritze wollt se' wieder langen, doch da fiel er selber rin." Die Stadt Magdeburg bewahrt ihrem Sproß – allem Spott zum Trotz – ein ehrendes Andenken. Seit 2002 gibt es in der Landeshauptstadt eine Fritze-Bollmann-Straße. Sie führt zum Till-Eulenspiegel-Ring und wird dann zur Rolf-Herricht-Straße.

In Sachsen-Anhalt wirken gleich zwei Drehorgel-Originale.

„Drehorgel-Rolf" aus Halle ist nicht nur zu Hause bekannt wie ein bunter Hund. Nicht zu trennen von Trabbi und Instrument bereiste er alle Kontinente – sogar Australien. Zudem gelang Rolf Becker, wie er mit bürgerlichem Namen heißt, der Weltrekord im Dauerorgeln. Er kurbelte 48 Stunden. Das Original ist aber nicht nur ein bunter Vogel, sondern ein engagierter Zeitgenosse, der viel für karitative Zwecke unterwegs ist. In der DDR gehörte er zur Dissidentenszene. Der zweite bekannte Drehorgler des Landes ist „Drehorgel-Mucki" aus Merseburg. Er ist sesshafter als Drehorgel-Rolf, aber nicht weniger rührig. In seiner Heimatstadt organisiert er regelmäßig ein Internationales Drehorgelfestival und hat schon jeder Menge Promis die Ohren vollgeorgelt.

Der erste Hippie der Welt lebte in Arendsee.

Er war schon ein Blumenkind, bevor es die Flower-Power-Bewegung überhaupt gab: Gustaf Nagel (1874–1952). Das Arendseer Original brach seine Kaufmannslehre ab und grub sich stattdessen eine Erdhöhle vor den Toren der Stadt. Sein ungewöhnlicher Kleidungs- und Lebensstil eckte bei Zeitgenossen an. Nagel kümmerte es nicht: Er kleidete sich wie Jesus und lief als Wanderprediger durchs Land. Dabei predigte der spöttisch „Kohlrabiapostel" genannte Nagel über die Umkehr zum Vegetarismus und für eine Rechtschreibreform (Motto: „Schreibe, wie du sprichst!"). 1903 wanderte Nagel – barfuß wie immer – nach Jerusalem. Schließlich baute er in seiner Heimatstadt Arendsee einen Tempel, zu dem in den 20er Jahren jährlich bis zu 10.000 Anhänger pilgerten. Die NS-Zeit wurde für Nagel zum Verhängnis. Öffentlich kritisierte der Individualist unerschrocken die Judenverfolgung und wurde dafür 1940 ins KZ Dachau verschleppt. Nur mit großer Mühe erreichten Freunde vier Jahre später seine Überstellung in die Nervenheilanstalt Uchtspringe. 1945 entlassen, steckten ihn auch die DDR-Behörden wieder in die gleiche Anstalt.

Post

Nicht nur Hunde freuen sich über Besuch vom Postboten. Auch Menschen begeistern sich im e-mail-Zeitalter über Briefe – es sei denn, es handelt sich bei denen nur um schnöde Rechnungen. Fass, Hassso! Fass!

 Franzosen revolutionierten das gesamte Postwesen in Sachsen-Anhalt.

So demütigend die Besatzung durch napoleonische Truppen auch gewesen sein mag – bei der Einführung einer funktionierenden Post war sie extrem hilfreich. Im neu geschaffenen Königreich Westfalen, das zwischen 1807 und 1813 bestand und große Teile des heutigen Sachsen-Anhalts umfasste, organisierten sie eine nahezu perfekte Struktur.

 Die ersten Briefkästen im Land wurden bis Mitte des 19. Jahrhunderts montiert.

Für die preußische Provinz Sachsen ist kein exaktes Datum überliefert. Wahrscheinlich begann die Installation wie überall in Preußen ab 1823. Einer der ersten Briefkästen Anhalts wurde am 11. Dezember 1841 am Dessauer Bahnhof befestigt. Heute gibt es im Land über 3.800 von der Deutschen Post und einige hundert privater Firmen.

3 Private Postunternehmen sind ein alter Hut.

Im 19. Jahrhundert gab es in vielen Gemeinden Sachsen-Anhalts lokale Posten. Sie druckten sogar eigene Briefmarken. Lokalposten befanden sich beispielsweise in Weißenfels, Zeitz, Magdeburg, Wittenberg und Dessau. Am 1. April 1900 mussten alle ihre Dienste zwangsweise einstellen. Grund: Der Staat beanspruchte für sich das Monopol und verbot einfach Privatfirmen im Zustellgewerbe.

4 An Sachsen-Anhalts Straßen sind rund 430 Postsäulen nachgewiesen.

Es gibt zwei unterschiedliche Typen: preußisch-anhaltische und kursächsische. Die Unterscheidung ist ziemlich einfach: Während auf den preußischen und anhaltischen Säulen die Entfernung in Meilen angegeben ist, meißelten die Sachsen diese Information lieber in Stundenform auf. Eine sächsische Stunde entspricht umgerechnet 4,5 Kilometern. So viel schaffte damals eine durchschnittliche Pferdekutsche.

5 Die Post beförderte früher nicht nur Briefe und Pakete.

Bevor die Eisenbahn Mitte des 19. Jahrhunderts ferne Städte miteinander verband, war die Postkutsche das einzige öffentliche – aber unbequeme – Verkehrsmittel. In Stolberg im Harz ist diese Art des Reisens bis heute erfahrbar. Dort gibt es noch eine alte Posthalterei, die Nostalgiefahrten anbietet. An den Haltereien wechselten früher die Pferde der Postkutschen sowie Briefe und Pakete ihre Routen.

6 Mitten durch das Land verlief eine optische Telegraphenlinie.

Ab 1833 errichteten die Preußen auf ihrem Territorium eine optische Telegraphenlinie. Sie führte von Berlin nach Koblenz. Auf dem Gebiet des heutigen Sachsen-Anhalts übermittelten zehn Stationen die Signale zur jeweiligen Nachbaranlage. In Neuwegersleben kann man noch heute ein Telegrafenhaus besichtigen.

7 Kurz nach der Wende ersetzten Brieftauben zeitweise das Telefon.

Das äußerst schlechte Telefonnetz war zu Beginn der deutschen Einheit ein echtes Problem. Die Chance, im Herbst 1990 ein Gespräch zwischen Ost und West führen zu können, pendelte im Bereich „schwierig" bis „unmöglich". Ein Immobilienhändler richtete deshalb eine Brieftauben-Luftbrücke zwischen Hannover und Magdeburg ein.

Radsport

Mit Täve Schur, Uwe Raab und Uwe Ampler haben ganz große Radrennstars ihre Heimat in Sachsen-Anhalt. Das Land ist eine Hochburg der Zweiradkultur in Deutschland.

Dessau-Roßlau ist Sachsen-Anhalts Radfahrerstadt Nummer eins.

Einst galt die Gemeinde neben Amsterdam als Fahrradhauptstadt Europas. Zum guten Ruf trugen bis Mitte des 20. Jahrhunderts auch die 15 Radsportvereine bei. Die Zweiradbegeisterung ist allerdings keine historische Angelegenheit, sondern täglich gelebte Tradition. Im Dessau-Roßlauer Stadtgebiet stehen mittlerweile rund 100 Kilometer gut ausgebaute Radwege zur Verfügung.

Das Netz wurde in den vergangenen Jahren stetig erweitert, manche Lücke geschlossen. Wohl deshalb legen die Einwohner ein Viertel aller Wege umweltfreundlich per Rad zurück, wie eine aktuelle Verkehrsstudie ergab. Zum Vergleich: Im Bundesdurchschnitt sind es nur 10 Prozent. Immer deutlicher zeigt sich, dass die Radlerfreundlichkeit wirtschaftlich profitabel ist. Elberadweg, Muldentalradweg und der europäische Fernradweg R1 führen durch die Bauhaus-Stadt und bringen Pedalritter von nah und fern in die Stadt.

❷ Die Magdeburger radelten immer gerne allen anderen voraus.

Die ersten Fahrräder, damals schwer auszusprechbar „Velociped" genannt, kamen um 1868 in die Stadt und eroberten die Herzen der Einwohner im Sturm. Bereits 1869 gründete sich mit dem „Velocipeden-Club" einer der ältesten Radsportvereine Deutschlands. Wie begeistert die Magdeburger gewesen sein müssen, zeigt die erste Bestellung des Vereins an einen Großhändler: Gleich 200 Fahrräder wurden von den Elbestädtern geordert. Die wurden dringend gebraucht, denn aus allen Regionen des Deutschen Reiches strömten plötzlich Menschen herbei, um beim Verein das Fahren zu erlernen. Den Magdeburgern reichte das einfache durch die Gegend Radeln bald nicht mehr aus. 1885 eröffneten sie mit der Werder-Parkbahn eine der ersten Radrennstrecken. Erbaulicher ging es bei den Kunstradfahrern zu. Sie führten richtige Fahrradoperetten auf. Eine Verkehrszählung im Jahr 1926 zeigte, wie sehr Zweiräder zum Magdeburger Stadtverkehr gehörten. An einem Wochentag im Mai zählten die Statistiker an einer Innenstadtstraße innerhalb von drei Stunden 5.150 Radler. Auf 300.000 Einwohner kamen etwa 120.000 Räder.

❸ Radwege sind eine echte Magdeburger Spezialität.

Schon 1899 gründete sich – wie soll es anders sein – ein Verein. In diesem Fall der „Verein für Radfahrwege". Ziel der Clubmitglieder war die Schaffung eines Radwegesystems innerhalb der Stadt und des nahen Umlandes. Wie unglaublich stark das bürgerschaftliche Engagement war, zeigen die puren Zahlen: 30.000 Mitglieder schufen innerhalb von 25 Jahren ein 285 Kilometer langes Radwegenetz. Einmalig in ganz Europa und nicht nur unter damaligen Verhältnissen eine respektable Leistung. Die Radwege, und das ist jetzt der klitzekleine Haken an der Sache, durften nur Mitglieder benutzen. Um den Überblick zu behalten, montierten sie bunte „Jahresringe" an ihre Lenker. Wer sich ohne Markierung auf Vereinswege wagte, riskierte hohe Strafen. Im August 1915 standen tatsächlich bis zu 14 Tage Gefängnishaft auf die unerlaubte Benutzung. Ab den 60er Jahren verwahrloste das einst vorbildliche Radwegenetz.

4 Eine Schönebecker Manufaktur baut schöne Retroräder.

Die durchgestylten Räder der Firma „Weltrad" sind eine echte Augenweide, denn das 1885 gegründete Unternehmen produziert seit 2004 wieder Zweiräder im nostalgischen 30er-Jahre-Look. Abnehmer finden sich selbst auf der anderen Seite des Großen Teiches. Bis in die USA und nach Brasilien verschiffen die Schönebecker ihre Schönheiten. Damit knüpft die Traditionsmarke an alte Erfolge an. Allerdings mit bedeutend niedrigeren Stückzahlen als in der Vergangenheit. Bis 1948 entstanden in den „Weltrad"-Hallen insgesamt 2,5 Millionen Fahrräder. Zu DDR-Zeiten ruhte die Fahrradproduktion. Zum „VEB Traktorenwerk" umfirmiert, produzierte man Landmaschinen.

5 Wer MIFA fährt, fährt nie verkehrt, weil MIFA überhaupt nicht fährt.

Mit derartigen Sprüchen von doofen Diamant-Fahrrad-Fahrern kämpften zu DDR-Zeiten viele kleine Knirpse. (Der Autor berichtet hier aus leidvoller Erfahrung und bezeugt gleichzeitig feierlich, dass das natürlich überhaupt nicht stimmte. Es sei denn, sein Zweirad hatte mal wieder einen Platten.) Wie auch immer: Die Mitteldeutschen Fahrradwerke Sangerhausen (MIFA) sind heute der größte Fahrradhersteller Deutschlands. Jedes vierte Rad mit dem Prädikat „Made in Germany" stammt aus der 1907 gegründeten Traditionsfirma. Sie produziert seitdem fast ununterbrochen am heimischen Standort und besteht damit erfolgreich gegen Billigkonkurrenz aus Asien. Seit 2004 ist die Firma nicht mehr im Besitz einzelner Unternehmer, sondern eine börsennotierte Aktiengesellschaft. Eine umfangreiche Sammlung aller in Sangerhausen hergestellten Räder zeigt das Fahrzeugmuseum der Stadt. Das Klapprad „Typ 903" ist ein Highlight der Sammlung – ein Kultklassiker, mit dem sich in den Berliner Szenebezirken heute wahnsinnig gut „bella figura" machen lässt. Nehmt das, ihr Diamant*-Fahrer!

* „Diamant ist weltbekannt und wird im Ausland Schrott genannt!"

Den Bund Deutscher Radfahrer prägte ein Sachsen-Anhalter.

Erster Vorsitzender des Vereins war der Magdeburger Carl Hindenburg (1820–1899). Er führte den BDR von 1884 bis 1893 und machte ihn aus dem Nichts zu einem der größten Sportverbände des Kaiserreiches. Der fortschrittliche Kaufmann kämpfte in seiner herausgehobenen Funktion dafür, dass auch Frauen Rad fahren dürfen – damals heftig umstritten. Nachdem Hindenburg mit 73 Jahren den Vorsitz des Vereins niederlegte, blieb er seiner Zweirad-Leidenschaft treu. Er schrieb ein sogenanntes Fahrradlustspiel. Der Titel lautete: „Der Radler-Club ‚Wilde Ente' oder Der Berufsfahrer als Heiratshskandidat." Wie erfolgreich das Stück war, ist nicht überliefert.

 Pedalritter freuen sich über das gute Radwegenetz des Landes.

Sachsen-Anhalt verfügt über ein 2.000 Kilometer langes Geflecht aus überregionalen Radfernwegen und regionalen Rundkursen. Neben dem Elberadweg, der einen wahren Boom erlebt, quert beispielsweise auch der Europaradweg R1 das Land. Er führt auf seinem Weg von der Atlantikküste nach St. Petersburg durch Wernigerode, Aschersleben, Staßfurt, Dessau und Wittenberg. Einmal im Kreis führen unter anderem der Altmarkrundkurs (500 km) und der Harzrundweg (350 km).

 Wer sein Rad liebt, schiebt … es in ein Bahnabteil.

Sachsen-Anhalt ist neben Thüringen das einzige Bundesland, in dem die Deutsche Bahn in ihren Regionalzügen Fahrräder kostenlos befördert. Einem schönen Tagesausflug steht damit nichts im Weg. Besonders empfehlenswert ist eine Tour von Nebra nach Naumburg. Sie führt über 41 Kilometer größtenteils am Unstrut-Ufer entlang. Wem es trotz der flachen Strecke unterwegs zu stressig wird, kehrt entweder kurz in einem Winzerlokal ein oder schummelt sich von den Zwischenbahnhöfen aus mit der Bahn an das Ziel. Kostet ja (fast) nix.

Saalekreis

Über 350 Jahre kam der Saalkreis ohne zweites „E" im Namen aus. Dann stolperte 2007 die Gebietsreform um die Ecke und machte aus dem Saalkreis den Saalekreis.

1 **Deutschlands längste Brücke entsteht bis Ende 2012 im Saalekreis.**

Die Saale-Elster-Talbrücke ist eine reine Eisenbahnbrücke und eine technische Meisterleistung. Am Ende wird sie eine Gesamtlänge von 8,6 Kilometern haben. Nicht nur ihre Dimension ist außergewöhnlich: Einmalig ist die Tatsache, das auf der Brücke Gleise abzweigen. Sie führen von und nach Halle und werden kreuzungsfrei über verschiedene Ebenen mit der Hauptstrecke verbunden. Die Gesamtinvestitionen schlagen mit rund 150 Millionen Euro zu Buche. Die gewaltigen Kosten liegen zum Teil an der vorbildlichen ökologischen Bauweise, die das Saale-Elster-Tal so wenig wie möglich belasten soll: sowohl während der Bauarbeiten als auch im Betrieb, wenn die Züge mit bis zu 300 km/h Höchstgeschwindigkeit über die auf 208 Brückenpfeiler verlegten Gleise brausen.

Ein Merseburger Bischof gilt als wichtigster Chronist.

Thietmar von Merseburg (975–1019), der ab 1009 Bischof von Merseburg war, gilt als der wichtigste Geschichtsschreiber der Ottonen-Zeit. Auf den Darstellungen in seinen Chroniken beruht heute ein Großteil unserer Vorstellungen über die Zeit der ersten Jahrtausendwende. In Thietmars Chroniken finden viele Städte Mitteldeutschlands ihre erste urkundliche Erwähnung. Allerdings sind die Arbeiten des Kirchenmannes nur mit gewisser Vorsicht zu genießen. Es ist bekannt, dass Thietmar als verantwortlicher Kirchenmann Urkunden fälschte, um seinem Merseburger Bischofsstuhl mehr Bedeutung, Macht und Einfluss zu sichern. Ein großer Teil der wertvollen Chronikhandschrift ist leider nicht mehr im Original erhalten. Er verbrannte in den Dresdner Feuernächten des Zweiten Weltkrieges. Glücklicherweise fertigten Wissenschaftler bereits 1905 ein Faksimile an. Es ist heute im Internet einsehbar und macht die Ereignisse des Mittelalters „hautnah" erlebbar.

Die englische Königin Elisabeth II. ist Sachsen-Anhalterin.

Das mag vielleicht ein wenig übertrieben klingen, ist aber im Prinzip wahr. Die Familie der britischen Monarchin stammt aus dem Saalekreis. Genauer: aus der Stadt Wettin. Dort liegt die Stammburg des gleichnamigen Adelsgeschlechts, zu deren illustrer Verwandtschaft ebenfalls der momentane belgische König Albert II. zählt. Das weitverzweigte Haus Wettin brachte noch mehr europäische Herrscher hervor, unter anderem die Könige von Portugal und Bulgarien. Der berühmteste Wettiner ist Sachsenkönig August der Starke (1670–1733). Elisabeth II. ist übrigens die letzte britische Monarchin mit direkten Wurzeln in Sachsen-Anhalt. Kronprinz Charles und seine Söhne zählen – der Adelslogik folgend – zum Haus Oldenburg.

Deutschlands größte
Schleusentreppe

4 **Zum Merseburger Domschatz gehört eine echt skurrile Trophäe.**

Ziemlich schrumpelig sieht sie ja schon aus, aber nach so langer Zeit ist das wohl nicht anders zu erwarten: die über 930 Jahre alte mumifizierte Hand, die Teil des Merseburger Domschatzes ist. Zu Lebzeiten klebte sie am rechten Arm des selbst ernannten deutschen Königs Rudolf von Rheinfelden (1025–1080). Der Schwager von Heinrich IV. (1050–1106) – das ist der mit dem Gang nach Canossa – verlor die Hand und sein Leben in der Schlacht bei Hohenmölsen. Dass die Gliedmaßen, die heute in der Ausstellung des Dom-Museums zu sehen sind, zur Reliquie wurden, hat mit Rudolfs Rolle im Investiturstreit zu tun. Schwager Heinrich IV. zoffte sich bekanntlich mit dem Papst darüber, wem das Recht zur Ernennung der Bischöfe zusteht. Heinrich meinte, ihm als König − der Papst sah das naturgemäß anders. Rudolf stand dem Papst zur Seite und geriet so in Opposition zu Heinrich. Was sich dann ja irgendwie (siehe oben) rächte. Als Märtyrer für die Sache des Papsttums machte das seine rechte Hand immerhin zum anbetungswürdigen Relikt. Eine weitere Ehre wurde Rudolf zuteil: Sein Grab im Merseburger Dom schmückt Europas älteste figürliche Grabplastik.

5 **Ein Zweckbau ist einzigartig und komplett nutzlos.**

Deutschlands größte Schleusentreppe steht in Wüsteneutzsch. Die 85 Meter lange und 12 Meter breite Anlage soll einen Höhenunterschied von 11 Metern ausgleichen. Nur leider hat das riesige Bauwerk einen kleinen, aber letztlich doch entscheidenden Nachteil: Es ist komplett nutzlos. Grund: Die Treppe steht mitten im Nichts, denn der Elster-Saale-Kanal, dem sie einmal dienen sollte, wurde nie gebaut. Kriegsbedingt stellte man die Kanalarbeiten 1943 ein und nahm sie dann nicht wieder auf. Deshalb steht die unvollendete Schleuse wohl für immer im Trockenen. Allerdings hat die Story auch einen überraschend positiven Aspekt: Ursprünglich sollte ein richtiges Schiffshebewerk entstehen. So eine Investitionsruine wäre noch bedeutend teurer gewesen.

6 Das größte Mädchen der Welt kam aus Benkendorf bei Halle.

Bis zu ihrem siebenten Lebensjahr war Marianne Wedde (1866–1884) ein ganz normales Mädchen – doch dann setzte plötzlich ein unglaublicher Wachstumsschub ein: Innerhalb von sechs Jahren wuchs sie zum „Größten Mädchen der Welt" heran. Mit 13 Jahren erreichte sie angeblich eine Höhe von 2,55 Metern und Schuhgröße 52. In Benkendorf wusste man sich nicht zu helfen und entließ Marianne aus der Schule. Mit Schaustellern bereiste sie zunächst Deutschland. Als Jahrmarktssensation ausgestellt, verbreitete sich ihr Ruhm bald in ganz Europa. Engagements in Frankreich und Großbritannien folgten. In Paris sorgte sie als „Marianne, die gigantische Amazonen-Königin" für ausverkaufte Häuser. In London war sie den ganzen Sommer 1882 über *das* Stadtgespräch. Im Alhambra Theatre trat sie als Höhepunkt einer Inszenierung der Operette „Babil and Bijou" auf. Über Mariannes Gastspiel schrieb der einflussreiche Musikkritiker Clement Scott:

„Die Clubs sind leer, die Menschen bleiben in der Stadt, durch die Gesellschaft geht ein aufgeregtes Flattern. Jeden Abend um 11 Uhr watschelt eine junge Frau über die Bühne und unter ihren ausgestreckten Armen tanzt eine Gruppe der schönsten Frauen der Welt. Niemand redet von etwas anderem als über die Riesin mit ihrem liebenswürdigen, aber ausdruckslosen Gesicht, ihrer schwerfälligen Gangart und dem sprachlosen Blick des Unwohlseins."
Die Londoner Zeitungen brachten ihren Lesern jeden Tag neue Sensationen über das Benkendorfer Mädchen. Wenn es keine gab, erfanden sie sie notfalls. So behaupteten die Blätter in ihrer Sensationsgier, Wedde würde schon bald den größten Mann der Welt, einen gewissen Josef Drasal, heiraten. Nur wenige mitfühlende Stimmen, wie die des Kritikers Scott, erklangen: „Es amüsiert mich nicht zu hören, dass sie immer noch wächst. Ich bedaure das Schicksal des armen Mädchens, das von der Natur so grausam schlecht behandelt wird." Wie Recht Scott damit hatte, bewahrheitete sich bald. Marianne Wedde starb mit gerade einmal 18 Jahren.

Schätze

Nicht nur Kinder träumen gerne vom Fund eines wertvollen Schatzes – zum Beispiel einer Truhe voller Bonbons, Kaugummis und Schokolade. In Sachsen-Anhalt kann die Phantasie vom Schatzfund wahr werden.

 Der größte archäologische Fund der Landesgeschichte gelang Raubgräbern.

Die Himmelsscheibe, die mit 3.600 Jahren weltweit älteste Darstellung des Sternenhimmels, wurde 1999 bei Nebra von illegalen Schatzgräbern entdeckt. Sie untersuchten den dortigen Mittelberg mit Metallsonden. Als ihre Geräte einen Fund anzeigten, bargen sie die Himmelsscheibe, ohne sich über deren hohen wissenschaftlichen und historischen Wert im Klaren zu sein. Nur eines wussten sie: Das lässt sich zu Geld machen. Sie verkauften den Fund für 31.000 Mark an einen Hehler, der wiederum von einem Zwischenhändler 230.000 Mark erhielt. Schließlich sollte die Scheibe in Basel für 700.000 Mark verhökert werden. Das Pech der Kriminellen: Sachsen-Anhalts Archäologen lockten sie in eine Falle und retteten den Schatz so für alle.

Wilde Schatzjagd ist in Sachsen-Anhalt nicht erlaubt.

Das Denkmalschutzgesetz des Landes regelt den Umgang mit Schätzen sehr genau. Danach beansprucht der Staat mit Hilfe des juristischen „Schatzregal"-Begriffes alle potentiellen Funde für sich selbst. Zudem erlaubt das Gesetz gezieltes Suchen und Graben nur mit behördlicher Genehmigung. Zufällige Funde müssen sofort gemeldet werden. Ehrlich sein lohnt sich trotzdem: Neben der Ehre gibt es einen Finderlohn, der sich am wissenschaftlichen Wert des Fundes orientiert.

 Im Jerichower Land wimmelt es nur so vor verbuddelten Reichtümern.

Bei Reesdorf wurde angeblich ein geraubter Schatz vergraben. Man erzählt, dass eine Tonne pures Gold im Wald versteckt sei. Es soll aus einem Überfall auf ein Quartier napoleonischer Truppen Anfang des 19. Jahrhunderts stammen. Rund um Pechau bei Magdeburg könnte ebenfalls ein wertvoller Schatz liegen – in der bescheideneren Silber-Edition. Aber immerhin! Er soll im Dreißigjährigen Krieg vor den anrückenden Truppen des Grafen Tilly verbuddelt worden sein.

 Die goldigen Zeiten sind im Harz noch lange nicht vorbei.

Mit etwas Glück lässt sich in Sachsen-Anhalt Gold finden. Am besten geeignet ist der – wie soll er auch anders heißen– Goldbach. Er schlängelt sich von Hüttenrode durch das Harzvorland bis nach Halberstadt und dann in die Bode. Um dem nun möglicherweise im hintersten Winkel des Kleinhirns ausbrechenden Goldrausch gleich mal realistische Grenzen zu setzen: Zu großem Reichtum wird niemand gelangen. Wahrscheinlich nicht einmal zu bescheidenem, denn das glitzernde Edelmetall schwimmt nicht in riesigen Nuggets durchs Gewässer, sondern kommt nur in winzigen Mengen im Flusssand vor. Von dort ist es allein durch mühsames Sieben und Waschen herauszuholen. Allerdings sind die Harzer Minigoldklümpchen von einer hohen chemischen Reinheit.

Bitterfelder Bernstein brachte bergeweise Bargeld.

In einem altmäkischen Schloss schlummerten Millionen.

Tief unter den Bitterfelder Braunkohle-schichten schlummert ein immenser Schatz: gewaltige Bernstein-Vorkom-men. Zwischen 1975 und 1990 wurden bereits 400 Tonnen gefördert. Die dreifache Menge soll noch im Boden sein. Durch die Flutung der ehemaligen Tagebaue sind sie nur schwer erreichbar. Zu DDR-Zeiten wurde der Bernstein aus Sachsen-Anhalt an die mecklenbur-gische Ostseeküste geschickt, dort zu Schmuck verarbeitet und devisenträch-tig in den Westen verkauft.

Auf Schloss Neumühle in der Altmark wurde im Oktober 2001 einer der wert-vollsten Schätze Deutschlands geborgen. Ein Profi stöberte ihn für die Familie von der Schulenburg auf. Hinter einer doppelten Wand versteckt, bestand er aus uralten Vasen, goldenen Leuchtern und Kannen voller Gold- und Silber. Gesamtwert: mehrere Millionen. Zu-dem kam ein Briefwechsel von Friedrich dem Großen zutage. Dem sensationel-len Fund folgte ein schmutziger Krieg zwischen Finder und Blaublütern.

Auf Burg Falkenstein waren feinste Weine versteckt.

Bei Bauarbeiten auf Burg Falkenstein wurde 1992 ein Geheimraum entdeckt, in dem viele kunsthistorische Schätze schlummerten. Außerdem fanden sich einige über 90 Jahre alte Flaschen Wein. Allein die fünf Exemplare des „Château Lafite" hatten einen Wert von 12.500 Euro. Versteckt wurde alles vom früheren Besitzer der Burg. Aus Angst vor anrückenden amerikanische Truppen packte er seine Habseligkeiten 1945 in den kleinen Raum über der Hauskapelle und mauerte ihn zu.

 Der Halberstädter Domschatz ist einer der weltweit wertvollsten.

Interessant am Halberstädter Domschatz ist neben seinen prächtigen Reliquien und Kunstwerken vor allem die Tatsache, dass er die Reformation nicht nur überstand, sondern weiter wuchs. Schließlich war Luther erklärter Gegner der kirchlichen Schatzsucht. In Halberstadt einigten sich Katholiken und Protestanten auf den Erhalt. Deshalb gibt es dort heute jede Menge Kostbarkeiten wie den 1150 gefertigten Abrahamsteppich – der älteste gewirkte Bildteppich Europas.

Schulen

Die Franckeschen Stiftungen in Halle sind weit über die Landesgrenzen hinaus bekannt. Aber auch andere Schulen unseres Landes haben großartige Traditionen aufzuweisen.

1 **Das Domgymnasium in Naumburg ist die älteste Schule Sachsen-Anhalts.**

Gleichzeitig ist sie eine der ältesten Deutschlands. Ihre Wurzeln reichen bis in das Jahr 1030. Zu den prominentesten Schülern zählten unter anderem der Philosoph Friedrich Nietzsche und der international berühmte Opernregisseur Götz Friedrich. 1950 endete die große Tradition der Schule vorübergehend, bis mit der Schulreform 1991 wieder an

sie angeknüpft werden konnte. Auf eine lange Geschichte können auch das 1307 als Lateinschule gegründete Friedrich-Ludwig-Jahn-Gymnasium Salzwedel, das 1325 entstandene Stephaneum in Aschersleben und das seit 1546 existierende Martin-Luther-Gymnasium in Eisleben zurückblicken. Letzteres verdankt seine Gründung direkt dem Wirken des Reformators. Als Luther kurz vor seinem Tod einen Streit zwischen den Mansfelder Grafen schlichtete, regte er die Gründung der Lateinschule an.

Schweden mischten Schulen in Magdeburg und Halberstadt auf.

Während des Dreißigjährigen Krieges kümmerte sich die zeitweilige schwedische Besatzungsmacht um die Bildungsanstalten. 1632 erließen die Skandinavier ein neues Schulgesetz für die Bistümer Magdeburg und Halberstadt. Der Lehrplan für Mädchen umfasste, in genau dieser Reihenfolge, die Fächer: Beten, Lesen, Schreiben, Nähen, Stricken, Klöppeln und Flicken. Ebenfalls detailliert regelte das Gesetz den Speiseplan der Schulkantinen. Viermal pro Woche sollte es Rinder- und dreimal Biersuppe geben. Fortschrittlich war der Versuch, Bauernkindern zumindest ansatzweise Bildung zu ermöglichen. Als eine der ersten Regionen Deutschlands bekamen die Bistümer eine Art Schulpflicht. Das Gesetz schrieb zwingend vor, dass „ein jeder Küster täglich die abwesenden [Kinder] aufschreiben und je über den anderen Tag dem Pfarrer zeigen [solle], welcher die Eltern deswegen gebührlich erinnern und auf Fall das Amt und die weltlichen Gerichte um Hilfe soll anrufen".

Philipp Melanchthon galt bereits zu Lebzeiten als „Lehrer Deutschlands".

Für den Wittenberger Theologen und Universalgelehrten Philipp Melanchthon (1497−1560) war Bildung schon der Schlüssel zur Zukunft, als es das oberflächliche Geschwätz von der Bildungsrepublik Deutschland noch nicht gab. Der Weggefährte Luthers fasste seine Sicht der Dinge so zusammen: „Die Jugend in den Schulen vernachlässigen, heißt nichts anderes, als den Frühling aus dem Jahre hinwegnehmen." In der Tat lag zu Melanchthons Zeiten vieles im Argen. Schulen und damit „Bildung" standen ausschließlich unter der Obhut der Kirchen. Erst mit den evangelischen Reformen kam es zur bildungspolitischen Kehrtwende. „Stadt statt Kirche" war das Motto, als Orte wie Eisleben und Magdeburg eigene Schulen gründeten. Lehrpläne-, Lehrbücher und Tipps für die Bildungsreform lieferte Philipp Melanchthon.

Eine Dessauer Schule war die erste moderne Bildungsanstalt.

Im aufgeklärten Anhalt-Dessauer Fürsten Leopold III. (1740–1817) fand der Pädagoge und Bildungsreformer Johann Bernhard Basedow (1724–1790) einen engagierten Unterstützer, der seine Sicht auf die Schule teilte. Basedow versuchte seine Zeitgenossen davon zu überzeugen, dass es beim Lernen nicht auf Drill und Strafe ankomme, sondern auf individuelles Eingehen. Meist vergeblich. Ganz anders in Dessau. Dort fiel Basedows Konzept auf fruchtbaren Boden. Leopold III. bot ihm die Chance, die Richtigkeit seiner Thesen praktisch zu beweisen. Weihnachten 1774 eröffnete Basedow unter tatkräftiger Hilfe des Landesherren seine „Philanthropinum"

genannte Lehranstalt. Der griechisierte Schulname verdeutlichte das Leitbild der Schule exemplarisch: Sie war die „Schule der Menschenfreunde". Nahezu unvorstellbar für die damalige Zeit war bereits die Zusammensetzung der Schülerschaft. Ein Besuch des Philanthropinum stand explizit und grundsätzlich allen (Knaben) offen – egal ob Christ, Jude, Muslim, adlig, bürgerlich, arm oder reich. Selbst Erbprinz Friedrich ging auf die neuen Schule. Aus ganz Europa schickten Eltern ihre Kinder nach Dessau, damit sie in einer freien, aufgeklärten Schule humanistische Bildung erhielten. Ein großer Freund des Versuches war der Philosoph Immanuel Kant (1724–1804). Von Königsberg aus verfolgte er ihn mit viel Sympathie, denn dort sah er seine Ideale vortrefflich umgesetzt.

5 Das Durchsetzen der Schulpflicht war nicht einfach.

Der erste Plan zur Einführung einer Schulpflicht in den ehemals preußischen Landesteilen scheiterte grandios. 1717 erließ König Friedrich Wilhelm I. ein Gesetz, das Eltern zwang, ihre Kinder in die Schule zu schicken. Trotz Strafandrohung schwänzten die meisten. Erst ein Gesetz seines Sohnes Friedrich II. verbesserte die Disziplin ein wenig.

7 Prügelnde Pauker haben in Sachsen-Anhalt seit Langem keine Chance.

Das sogenannte „Züchtigungsrecht" der Lehrer wurde in Sachsen-Anhalt bereits 1949 abgeschafft. Dass das keine Selbstverständlichkeit war, zeigt ein Blick Richtung Westen. In der Bundesrepublik durften Lehrer bis 1973 ungestraft schlagen. In Bayern sogar bis 1980!

6 Die Landesschule Pforta gab es zeitweise gleich zweimal.

Kaum eine andere Schule Sachsen-Anhalts pflegt ihre Traditionen so wie die Landesschule Pforta. Während der deutschen Teilung gab es die Lehranstalt sogar doppelt: in der DDR und in der Bundesrepublik. Im Sauerland gründeten Altschüler 1968 die „Landesschule zur Pforte". Mitte der 90er Jahre schloss sie wieder.

8 Immer weniger Schüler nerven immer weniger Lehrer.

Die Zahl der Schülerinnen und Schüler an den 948 Schulen des Landes Sachsen-Anhalt ging in den vergangenen 15 Jahren dramatisch zurück. In diesem Zeitraum halbierte sie sich auf heute insgesamt 180.000 mehr oder weniger wissbegierige Pennäler.

Schwimmen

Delphin, Kraulen, Brust und Rücken – das sind die vier Wettkampfdisziplinen beim Schwimmen. Einige Sportler aus Sachsen-Anhalt beherrschen sie ganz besonders gut.

 Überraschung: Sachsen-Anhalt ist Ursprungsland des modernen Schwimmens.

Schon die alten Griechen und Römer verstanden sich auf die beneidenswerte Kunst, nach einem Sprung ins Wasser nicht gleich sang- und klanglos unterzugehen. Im Lauf der Zeit ging dieses Wissen jedoch verloren, so dass im Mittelalter kaum noch ein Europäer das Schwimmen beherrschte. Quellen aus dem frühen 18. Jahrhundert zeigen, dass die Halloren ihren Kindern genau das beibrachten. Daher gelten Halles Salzarbeiter heute als Wegbereiter des

modernen Schwimmens. Sie halfen schließlich auch dem Rest der Deutschen durchs Wasser, da sie überall als Schwimmlehrer engagiert wurden. Beispielsweise in Schlesien. Dort bestimmte man zwei Halloren 1787 zu „Schwimm-Meistern". Innerhalb von 2 Jahren mussten sie allen schlesischen Fischern und Binnenschiffern das Schwimmen beibringen. Ihre Künste stellten die Halloren gern beim sogenannten Fischerstechen zur Schau. Dabei kämpfen zwei Männer, jeder in einem Boot stehend, gegeneinander. Mit langen Holzstangen versuchen sie, sich gegenseitig ins Wasser zu schubsen.

Ein Quedlinburger schrieb das erste Schwimmlehrbuch.

Der Pädagoge Johann Christoph Friedrich GutsMuths (1759−1839) brachte 1798 sein „Kleines Lehrbuch der Schwimmkunst zum Selbstunterricht" zu Papier. Es war der erste systematische Versuch, breiten Kreisen das Schwimmen beizubringen. Für GutsMuths gab es nur zwei Voraussetzungen: keine Angst vor Wasser und die „feste Überzeugung, daß der Mensch spezifisch leichter als Wasser" sei. Darüber hinaus galt nur das selbst formulierte Motto: „Bisher ist das Ertrinken Mode, weil das Schwimmen nicht Mode ist".

 Hallenser gründeten den ersten deutschen Schwimmverein.

In Berlin gründeten drei Hallenser 1837 den Verein „Tychische Frösche". Bereits zuvor mischten Saalestädter die Schwimm- und Badeszene in der Spreemetropole auf. Sie gründeten zahlreiche Badeanstalten und Schwimmschulen, deren Dienste vor allem das preußische Militär gerne in Anspruch nahm. Nur Schwimmen reichte den „Fröschen" bald nicht mehr aus: Sie entwickelten das Turmspringen zu einer eigenen Sportart. Rund 90 unterschiedliche Sprungfiguren wurden bereits von ihnen praktiziert.

 Paul Biedermann schwamm als erster Mensch 200 Meter unter 100 Sekunden.

Der Ausnahmeschwimmer aus Halle stellte bisher vier Weltrekorde, zwei Europarekorde und einen deutschen Rekord auf. Aller Anfang war auch für ihn schwer. Als 5-Jähriger fiel Biedermann durch die Seepferdchen-Prüfung, weil er keine 25 Meter schaffte. Aus Sachsen-Anhalt kommen noch mehr Schwimmstars, zum Beispiel Dagmar Hase.

 Schwimmen im Verein wird immer beliebter.

Schwimmvereine gehören in jüngster Zeit zu Sachsen-Anhalts Sportvereinen mit den höchsten Zuwachsraten an Neumitgliedern. Insgesamt ziehen nun über 7.300 Sportler und Sportlerinnen regelmäßig ihre Runden im Becken. Der Boom in den 52 Schwimmvereinen liegt auch an den Erfolgen vieler einheimischer Schwimmstars.

Seilbahnen

Auf einen hohen Berg zu kraxeln, kann ziemlich anstrengend werden. Wer weniger gut zu Fuß ist, aber trotzdem Höhenluft schnuppern will, nimmt die Seilbahn.

 In Zeitz gab es die erste Standseilbahn Deutschlands.

Während des Ausbaus der Zeitzer Oberstadt entstand 1877 die damals einmalige Anlage. Aus eher tragischem Grund: Immer wieder stürzten Pferdefuhrwerke auf dem Weg vom Tal zum Berg. Die neue Standseilbahn wurde zunächst vor allem für den Transport von Baustoffen und ganzen Fuhrwerken benutzt, später auch von Personen. 1959 rumpelte sie das letzte Mal zu Berge.

 Ein Dessauer baute weltweit hunderte Seilbahnen.

Der in Dessau geborene Unternehmer Adolf Bleichert (1845–1901) war ein international erfolgreicher Seilbahnbauer. Unter seiner Leitung entstanden weltweit 600 Anlagen. Auch nach seinem Tod baute die Firma „Bleichert & Co." fleißig weiter. Sie konstruierte unter anderem die Zugspitzbahn, die Kreuzeckbahn Garmisch-Partenkirchen und die Seilbahn auf den Tafelberg in Kapstadt.

Bei Eisleben gab es lange eine Seilbahn, die unter Tage rotierte.

Zwei unterirdische Standseilbahnen brachten im Wolfschacht der Mansfeld AG die Bergleute zu ihrem Arbeitsplatz. Lange waren sie die einzigen unterirdischen Seilbahnen Deutschlands und eine ingenieurtechnische Meisterleistung. Zunächst entstand 1933 eine Bahn zwischen der 7. und 8. Sohle, die sich im Alltagsbetrieb als äußerst zuverlässig und tauglich erwies, so dass man bereits ein Jahr später eine zweite zwischen der 8. und 9. Sohle errichtete. Beide waren bis 1953 in Betrieb.

 Die Seilbahn von Thale zum Hexentanzplatz war in der DDR ein Novum.

Sie blieb die einzige Kabinenbahn, die der Arbeiter- und Bauernstaat während seines Bestehens errichten ließ. Dementsprechend war die Eröffnung eine große Sache und fand natürlich an einem besonders symbolträchtigen Datum statt. Am 7. Oktober 1970, dem Tag der Republik, fuhren die ersten Gäste zum Gipfel. Heute sind es pro Jahr etwa eine halbe Million. Sie sparen sich mit 720 Metern Fahrstrecke das mühevolle Erklimmen eines Höhenunterschiedes von 244 Metern.

 Der Sessellift zur Roßtrappe ist funkelniegelnagelneu.

Da der Vorgängerbau von 1980 den modernen Anforderungen nicht mehr entsprach, wurde er 2005 durch einen Neubau komplett ersetzt. Zusammen mit der benachbarten Seilbahn leistet der Lift vor allem zur Walpurgisnacht Schwerstarbeit. Am geschäftigsten Tag des Jahres strömen tausende Besucher auf den Hexentanzplatz, um dort eine magische Nacht zu erleben.

 Sachsen-Anhalts jüngste Seilbahnanlagen stehen nicht an Bergen.

Sie sind auf dem Wasser gebaut. In Hohenweiden, Magdeburg und Löderburg eröffneten in den letzten Jahren Wasserski-Seilbahnanlagen, an denen sich Wasserskifans so richtig austoben können. Die Magdeburger Anlage zieht bis zu 18 Personen gleichzeitig über eine 900 Meter lange Strecke – mit einer beachtlichen Höchstgeschwindigkeit von 58 km/h.

Seltsame Gesetze

Wenn der Amtsschimmel wiehert, liegt das nicht zwangsläufig nur an ihm, sondern auch am Gesetzgeber. Dem fällt gerne mal die eine oder andere kuriose Regel ein.

 Seit 1990 erfindet Sachsen-Anhalts Landtag tolle Gesetzesnamen.

Wenn sachsen-anhaltische Landtagsabgeordnete zusammentreten und ein neues Gesetz beschließen, ist das inhaltlich natürlich immer sehr, sehr wichtig – und sehr, sehr richtig! Auf die äußere Form, gar Verständlichkeit kommt es allerdings nicht so an. Oder wie sind die extrem kreativen Bandwurmnamen einiger Gesetze zu interpretieren? Die Magdeburger Experten schufen in den letzten Jahren so schöne Werke wie die „Abwasser-Abfallverbrennungsverordnung" und das „Besoldungs- und Versorgungsnichtanpassungsgesetz". Am eindrucksvollsten ist jedoch das in einem wunderschönen Wortungetüm zusammengefasste „Verwaltungsmodernisierungsgrundsätzegesetz". Das wird man als Verwaltungsmodernisierungsgrundsätzegesetzlesendergesetzestreuer ja grundsätzlich mal schreiben dürfen, oder?

2 Achtung, Achtung! Alle Schleiereulen in Deckung! Uhus lieber auch!

1868 wurde in Magdeburg ein Gesetz erlassen, das das Einfangen und Töten von Vögeln und Eulen gegen hohe Strafen verbot. So weit, so tierlieb. Explizit ausgenommen von der freundlichen Regelung wurden ausgerechnet zwei Vogelarten, die heute höchsten Schutz genießen: Uhus und Schleiereulen.

3 Herr Doktor sollte leicht angetütert zum Patienten gehen.

Eine Verwaltungsvorschrift für Ärzte der preußischen Provinz Sachsen schrieb 1831 vor, dass Ärzte weder schüchtern noch nüchtern zu Patienten gehen dürften. Vor einer Visite sollten die Herren Mediziner unbedingt Kaffee, Tee oder noch besser etwas Likör, Wermut oder Branntwein trinken. Na dann, Prost!

4 Rächtschreibung? Rechtschraibung? Rechtschreibung? Alles was Recht ist!

Am 7. Oktober 1821 hatte die Königliche Preußische Regierung in Magdeburg genug. Gleich auf der Titelseite des Amtsblattes verkündete sie ihre neueste Gesetzesidee, deren Hintergrund sie ohne Umschweife klar machte: „Es ist häufig bemerkt worden, dass die Inschriften der öffentlichen Denkmäler, besonders auf dem Lande, häufig fehlerhaft verfasst sind und selbst gegen die richtige Schreibart verstoßen." Deshalb, so der weise Entschluss, müsse nun jeder Schriftzug auf Denkmälern und Grabsteinen vom örtlichen Pastor auf richtige Rechtschreibung hin kontrolliert werden. Nur den Geistlichen traute die Regierung ausreichende Orthographiekenntnisse und die Bereitschaft zu, sich dieser „unbedeutenden Arbeit gern unentgeltlich zu unterziehen".

93

5 Rund um Hochzeiten gab es eine Menge rechtliche Regeln.

Wenn es um den Bund fürs Leben geht, wurden Gesetzgeber zu allen Zeiten äußerst aktiv und erfinderisch. Vor allem im Mittelalter und der frühen Neuzeit gab es unzählige Vorschriften, die den schönsten Tag des Lebens (zugegeben: Ansichtssache) aufs Genaueste regelten. Die Magdeburger Hochzeitsordnung von 1544 ist ein Beispiel für eine Fülle skurriler Einfälle. So mussten „Bräutigam und Braut um 10 Uhr vormittags aufs späteste in die Kirche und vor 11 Uhr zu Tische gehen, ohne auf jemanden zu warten". Eine Extrawurst erlaubten die Politiker nur sich selbst. Den Ratsherren war „im Falle dieselben etwa zu spät kämen, die ihnen gebührende Stelle offen [zu] lassen". Spätestens um 14 Uhr musste die Hochzeitsgesellschaft im Gildehaus zum Tanz erscheinen. Dort ging es vorschriftsmäßig „züchtig und ehrlich, ohne Verdrehen, Umschlin-

gen und andere böse Gebärden" zu. Auf Verstöße gegen die Tanzvorschriften stand eine erhebliche Geldstrafe. „Das Schleudern und Verdrehen beim Tanze wird bei einer Mark Strafe verboten." 216 Jahre später erließ Friedrich II. nicht nur für seine preußische Provinz Sachsen eine Circular-Verordnung über die Anwesenheit von Pastoren, Küstern und Schulmeistern bei Hochzeiten und Taufen. Sie durften sich „nach Endigung der Mahlzeit, Trinkens halber nicht länger in dergleichen Gelagen aufhalten, sondern [hatten] sich sofort nach zu Hause zu verfügen". Den Anlass für die Verordnung führte sie selbst an: Betrunkene Pfaffen und Lehrer hätten „manche Gelegenheit zum Ärgernis gegeben". Jüngeren Datums ist ein von der Magdeburger Regierung 1822 erlassenes Gesetz. Das verbot endgültig das „Schießen bei Hochzeiten und großen Gelagen". Zumindest das ist aus heutiger Sicht nachvollziehbar – schließlich hebt man sich Geballer für die Scheidung auf.

Griff ins Klo – oder: Empörung ersetzt Recherche nicht.

Die angebliche „Toilettenverordnung für Sachsen-Anhalt" aus dem Jahr 1993 wird in den Medien gern als Beispiel für unsinnige Gesetze gebracht. Im Juni 2006 empörte sich die Bild-Zeitung über irre Politiker, die sich immerzu irgendwelche Sch****-Gesetze ausdenken würden. Als Beleg führte sie die Toilettenverordnung an. Das Wutvergießen hätten sich die Journalisten sparen können (ist ja auch besser für den Kreislauf). Das angebliche Gesetz war eindeutig ein Scherz und eigentlich schon am Ausgabedatum (1. April) erkennbar. Trotzdem fallen immer wieder Journalisten darauf herein und verbreiten den Quatsch ungeprüft weiter. Aus rein dokumentarischen Gründen wird deshalb auf dieser Seite ein Auszug aus dem „Gesetz" gedruckt.

Benutzungsordnung für Toiletten in Sachsen-Anhalt
(Auszug).

§ 1 Definition
Der Abort, umgangssprachlich Toilette genannt, besteht aus einem trichterförmigen Porzellanbecken zur Aufnahme der Exkremente mit einem klappbaren, auf dem Sitzrand angebrachten Sitzstück.

§ 2 Anwendungsbereich
Diese Benutzungsordnung gilt für die Darmentleerung in allen Aborten in Behörden, Dienststellen und öffentlichen Gebäuden des Landes Sachsen-Anhalt.

§ 3 Sitzgebot
Die Toilette darf nur im Sitzen benutzt werden. Die stehende Benutzung ist nur an Urinalen erlaubt. Deren Benutzung ist in der Benutzungsordnung für Urinale (BoU) geregelt. [...]

§ 5 Sitzposition
Der Benutzer setzt sich unter gleichzeitigem Anheben der Oberbekleidungsstücke so tief in die Hocke, bis das Gesäß in die Sitzaufnahme einrastet. Das Gewicht des Körpers ist gleichmäßig, gleichseitig verteilt, der Oberkörper leicht nach vorn geneigt. Die Ellenbogen ruhen auf dem Muskelfleisch der Oberschenkel, der Blick ist frei geradeaus gerichtet.

§ 6 Darmentleerung
Unter ruhigem Ein- und Ausatmen drängt der Benutzer unter gleichmäßigem Anspannen der Bauchmuskulatur den ausscheidungsreifen Inhalt des Mastdarms bei gleichzeitigem Entspannen des Afterschließmuskels in den dafür vorgesehenen Durchbruch des Porzellanbeckens. Die Äußerung von gutturalen Stimmlauten, umgangssprachlich auch Ächzen oder Stöhnen bezeichnet, ist auf das absolut notwendige Maß zu beschränken. [...]

§ 10 Verlassen des Aborts
Vor dem Verlassen der Entleerungskabine sind die Beinkleider wieder in die Ausgangsposition zu bringen. Bei Auftreten unangenehmer Gerüche ist das Öffnen einer Lüftungsklappe angezeigt. Eine abschließende Reinigung der Handinnenflächen wird anheimgestellt.

Spielzeug

Seit genau 1.000 Jahren spielen die Ströbecker Schach. Ein Gefangener soll es den Dörflern einst beigebracht haben. Aber auch anderswo zeigt sich: Sachsen-Anhalter haben ein Händchen fürs Spielen und fürs Spielzeug.

 Die berühmteste Puppenmacherin der Welt produzierte in Bad Kösen.

„Ick koof euch keene Puppen. Ick find se scheißlich. Macht euch selba welche!" Mit diesen herzallerliebsten Worten kehrte der Bildhauer Max Kruse 1904 von einem Einkaufsbummel zurück. Auf den hatte ihn seine Frau Käthe geschickt. Er sollte dem gemeinsamen Töchterchen eine Puppe kaufen. Weil das offensichtlich ein großes Problem war, begann Käthe Kruse (1883–1968) nun tatsächlich, Puppen zu bauen. Schon bald mit Erfolg. Ihr Geheimnis: Sie gestaltete die Spielsachen sehr realistisch, indem sie ihre eigenen Kinder als Modelle nahm. Produzierte man anfangs noch in der heimischen Wohnung, so reichte der Platz bald nicht mehr aus. Ab 1912 wurden die Puppen in einer neu gebauten Fabrik in Bad Kösen hergestellt und in die ganze Welt exportiert. Nach dem Zweiten Weltkrieg ging Kruse in die Bundesrepublik. Für Puppen aus der Kösener Epoche zahlen Sammler heute mehrere tausend Euro.

Die Uniklinik Halle verarztet auch Puppen und Teddybären.

Seit 2004 können Hallenser Kinder einmal im Jahr ihre Spielzeugfreunde von medizinischem Fachpersonal untersuchen lassen. Notfalls werden die Figuren sogar gleich ambulant behandelt. Die spaßige Aktion dient vor allem einem Zweck: Sie soll den Puppenmamas und -papas die Angst vor einem Arztbesuch nehmen. Wegen des großen Erfolges in Halle bietet mittlerweile auch die Uniklinik Magdeburg Ähnliches an.

 Nur in Sachsen-Anhalt kann man „Spielzeug" studieren.

Auf Burg Giebichenstein in Halle gibt es den einzigen Studiengang für Spielzeugdesign in Deutschland. Studenten erlernen dort die Kunst des Spielzeugmachens. Zwei Fragen stehen beim Masterstudiengang, der korrekter- und englischerweise „M.A. of Design of Playing and Learning" heißt, im Vordergrund: Wie schafft man Spielzeug, das bei Lernprozessen hilft? Und: Welches Spielzeug vertreibt Langeweile?

 In Bad Kösen produzierte man lange eine DDR-Variante der LEGO-Steine.

Ab 1955 stellten der VEB Plastica die sogenannten PEBE-Klötzchen her. Die waren anfangs – sehr zum Ärger der dänischen Konkurrenz – mit den LEGO-Steinen kompatibel. Die Skandinavier ließen sich das nicht gefallen. In den 80er Jahren kam es zum Rechtsstreit. Am Ende gaben die Sachsen-Anhalter nach, änderten die Maße und tauften das System zukunftsfähig „PEBE 2000".

 Fast alle aktuellen Kuscheltier-Bestseller kommen aus Sachsen-Anhalt.

Krokodil Schnappi, Eisbär Knut und die schielende Beutelratte Heidi haben zwei Dinge gemeinsam: Sie sind in den letzten Jahren für Kinder absolute „Haben-Will"-Dinge und ihr Plüschtier-Leben begann in Bad Kösen. Eine dortige Firma ist auf realistische Tierdarstellungen spezialisiert.

Sterne

Das Observatorium in Goseck ist mit 7.000 Jahren Europas älteste Sternwarte, die 3.600 Jahre alte Himmelsscheibe von Nebra die weltweit älteste Kosmosdarstellung – und Sachsen-Anhalt die Wiege der Astronomie.

1

Tabellen aus Wittenberg veränderten die Kalender der Welt für immer.

In Wittenberg schuf der Mathematiker und Astronom Erasmus Reinhold (1511–1553) im Jahr 1551 die berühmten „Preußischen Tafeln". Das revolutionäre Tafelwerk ermöglichte erstmals das exakte Berechnen der Stellung von Sonne, Mond und Planeten. Reinholds Buch bewirkte aber darüber hinaus noch deutlich mehr. Weil die praktisch gedachte Veröffentlichung quasi nebenbei die These des Astronomen Nikolaus Kopernikus (1473–1543) – dass sich die Erde um die Sonne drehe und nicht umgekehrt – bewies, gelang dem Kopernikanischen Weltbild nun der endgültige Durchbruch. Durch die Wittenberger Tafeln sah sich 1582 sogar der im fernen Rom residierende Papst Gregor XIII. (1502–1585) zu einer Kalenderreform genötigt. Auf ihrer Grundlage wurde der bis dahin geltende Julianische Kalender durch den heutigen gregorianischen ersetzt. Nur die Chinesen brauchten bis 1949, ehe sie auch den kopierten.

Ein Wittenberger Astronom glänzte mit der Sonne um die Wette.

Der an der Universität Wittenberg ausgebildete und später dort als Professor lehrende Mathematiker und Astronom Johannes Praetorius (1537−1616) entwarf und baute bekannte Sonnenquadranten. Besonders wertvoll sind die bis heute erhaltenen, aus Nürnberg stammenden goldenen Erd- und Himmelsgloben für August den Starken. Praetorius, der Wittenberg im Streit verließ, wird auch die Erfindung des Messtisches zugeschrieben, der bei der Landvermessung unersetzlich war. Außerdem schrieb er ein vielbeachtetes Werk über die Erscheinung eines Kometen im Sternbild Kassiopeia.

Ein Bernburger war total versessen auf das Zählen von Sternen.

Christoph Rothmann (1550−1600) aus Bernburg zählte zu den versiertesten Astronomen Europas. Er stand mit den berühmtesten Kollegen seiner Zeit in Kontakt, die regen Anteil an seinen Forschungen nahmen. Rothmann führte seine Arbeiten im Auftrag des Landgrafen Wilhelm IV. von Hessen-Kassel (1532−1592) aus. Ab 1585 verfasste er in dessen Residenzstadt Kassel einen Sternenkatalog. Für 383 Gestirne notierte er die genauen Koordinaten. Aus einem bis heute unbekannten Grund schmiss Rothmann jedoch den Job in Hessen hin und kehrte in seine Heimatstadt Bernburg zurück – ohne den Katalog vollständig abgeschlossen zu haben. Trotzdem brachte ihm seine Fleißarbeit eine seltene Ehre ein. Auf dem Mond ist heute ein Krater nach Rothmann benannt. Damit wird auch seine frühe Erkenntnis über die Wirkung der Schwerkraft gewürdigt. Obwohl er sie mit den damaligen Mitteln nicht exakt nachweisen und beschreiben konnte, war er sich ihrer Existenz bewusst. Sein berühmter Kollege, der dänische Astronom Tycho Brahe (1546−1601), bezweifelte, dass sich die Welt wirklich um sich selbst drehe. Schließlich würde das zu einem in der Realität nicht beobachtbaren Paradox führen: drehe sich die Erde wirklich, müsste eine Kanonenkugel, die entgegen der Rotationsrichtung abgeschossen würde, automatisch kürzer fliegen als eine Kugel, die sich mit der Erde dreht. Rothmann erkannte jedoch, dass sich die Kanonenkugeln immer mit der Erde bewegen – egal in welche Richtung. Das Paradox ist folglich keines.

Ein Dessauer schaute der Sonne ganz genau aufs Angesicht.

Halles Stadtwappen gibt bis heute (astronomische) Rätsel auf.

Durch seinem forschen(den) Blick auf die Sonne bewies Samuel Heinrich Schwabe (1789–1875) als erster die Periodizität der Sonnenflecken und sorgte so international für Aufsehen. Alexander von Humboldt besuchte ihn in Dessau, um sich persönlich informieren zu lassen. Für die Erkenntnis war ungeheurer Fleiß nötig. 17 Jahre lang beobachtete Schwabe fast täglich die Sonnenflecken, um schließlich ihre stetige Wiederkehr beweisen zu können. Sein erstes Fernrohr kaufte er sich übrigens nicht selbst – er gewann es in einer Lotterie.

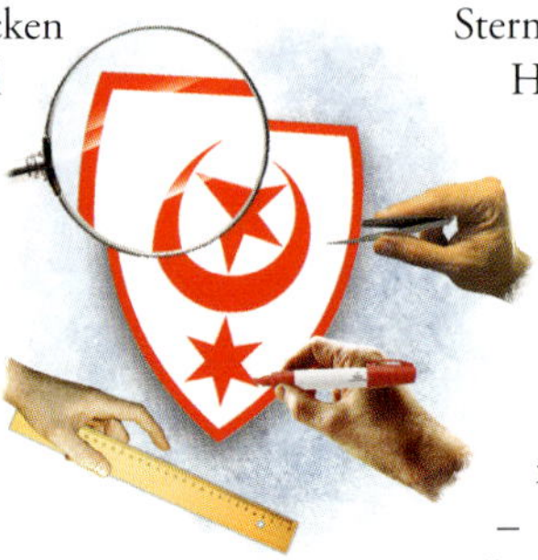

Ein Blick auf das Hallenser Stadtwappen führt meist zur Diagnose, es handele sich bei den abgebildeten Symbolen um Sterne und einen liegenden Halbmond. Doch stimmt das wirklich? Viele Vermutungen gehen zwar in Richtung der kosmischen Symbole, doch eine richtige Erklärung für ihren Sinn gibt es nicht. Manche spekulieren – nicht zuletzt wegen des Halbmondes – über eine Verbindung zum Orient. Für Bodenständige handelt es sich gar nicht um Mond und Sterne, sondern um Salzkristalle und eine Siedepfanne.

6 **Sternengucker kommen im Land voll auf ihre Kosten.**

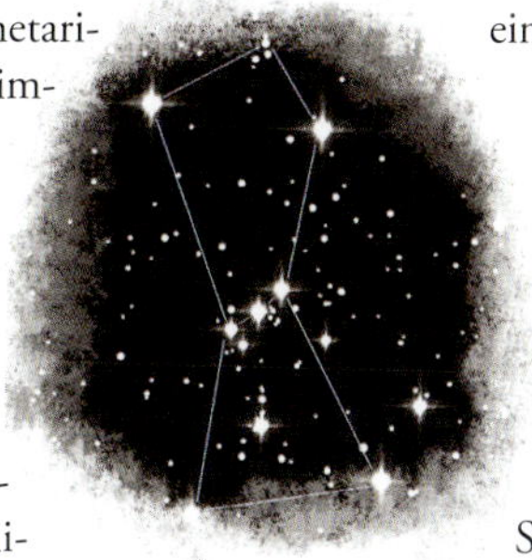

7 **Sachsen-Anhalts Schüler sind in Sachen Astronomie privilegiert.**

In vielen Orten Sachsen-Anhalts gibt es Sternwarten mit starken Fernrohren, die einen Blick ins Himmelsgewölbe noch interessanter machen. Planetarien, in denen der Sternenhimmel zusätzlich künstlich projiziert werden kann, befinden sich unter anderem in Aschersleben, Halberstadt, Merseburg, Halle und Magdeburg. Ein begehbares Sonnensystem schufen sich die Wernigeröder. Ihr sechs Kilometer langer Planetenweg führt direkt zum Harzplanetarium und verdeutlicht Größenverhältnisse und Abstände kosmischer Himmelskörper.

Das Bundesland gehört neben Thüringen und Mecklenburg-Vorpommern zu den einzigen, in denen Astronomie ein Pflichtschulfach ist. Dass es in Sachsen-Anhalt gelehrt wird, hängt mit dem umfangreicheren naturwissenschaftlichen Bildungsanspruch der früheren DDR zusammen. Dort wurde das Fach 1959 eingeführt. Als Sachsen das Schulfach 2007 abschaffte, erhob sich ein Sturm der Entrüstung. 114 Professoren aus ganz Deutschland forderten im Gegenzug die Einführung des interdisziplinären Faches in allen Bundesländern.

Superhirne

Friedrich Nietzsche, Otto von Guericke, August Hermann Francke – die Reihe ließe sich ewig fortsetzen. Schließich wimmelt es in Sachsen-Anhalt nur so vor berühmten Geistesgrößen.

Drei Nobelpreisträger arbeiteten an den Unis des Landes.

Von 1925 bis 1927 stand Gustav Hertz (1887–1975) als Professor für Physik in Diensten der Universität Halle. Gleich in seinem ersten Jahr in der Saalestadt erhielt er die begehrte Auszeichnung. Hertz war übrigens später der einzige Nobelpreisträger, der in der DDR lebte. Seine letzte Ruhestätte fand er allerdings in Hamburg – in der Familiengrabstätte, in der auch sein berühmter Onkel Heinrich Hertz bestattet ist. Zwei weitere Nobelpreisträger legten an der Universität Halle den Grundstein für ihre Karrieren: der Chemiker Karl Ziegler (1893–1973) und der Mediziner Emil von Behring (1854–1917). Beide hatten die Stadt jedoch bereits wieder verlassen, als ihnen die internationale Wissenschaftrophäe zuerkannt wurde. Vom Ruhm zerrt die Uni trotzdem bis heute.

Ein schlauer Philosoph wurde aus Halle vertrieben, kam aber zurück.

Er gilt als einer der wichtigsten und zugleich letzten Universalgelehrten der Wissenschaftsgeschichte: Christian Wolff (1679–1754). Den klugen Kopf interessierten Natur- und Gesellschaftswissenschaften gleichermaßen. Ab 1706 lehrte er an der Universität Halle als Professor für Mathematik und Philosophie. Als einer der ersten Europäer beschäftigte sich Wolff mit chinesischen Denkern, wie beispielsweise Konfuzius. Fasziniert von den praktischen ethischen Konsequenzen der asiatischen Philosophie hielt er 1723 einen begeisterten Vortrag. Der stieß nicht bei allen Zuhörern auf ungeteilte Zustimmung. Im Gegenteil: Protestantische Eiferer beschwerten sich beim preußischen König Friedrich Wilhelm I. (1688–1740), dass Wolff sich erdreistet habe, über eine nicht-christliche Philosophie lobend zu berichten. Der Soldatenkönig, intellektuellen Herausforderungen sowieso ablehnend gegenüberstehend, machte kurzen Prozess mit dem Freidenker. Er feuerte Wolff von seinem Lehrstuhl und verfügte, dass der Verstoßene innerhalb von 48 Stunden Halle verlassen solle. Eine späte Wiedergutmachung erfuhr der angebliche Atheist 1740. Monarch Friedrich II. (1712–1786), der den Idealen der Aufklärung nahe stand, rehabilitierte Wolff und gab ihm seine alte Stellung in Halle zurück. Der in ganz Europa hochangesehene Wissenschaftler nahm dankend an und kehrte in die Stadt zurück, wo er bis zu seinem Lebensende blieb.

Genie und Wahnsinn lagen bei einem Mathematiker dicht beieinander.

Der Hallenser Georg Cantor (1845–1918) ist einer der wichtigsten Mathematiker aller Zeiten. Auf seiner Idee und grundlegenden Definition beruht die Mengenlehre, die zum Fundament fast aller Teilgebiete der Mathematik wurde. Indirekt prägt sie heute auch das allgemeine logische Verständnis der Menschen. Cantors beruflicher Erfolg – er wurde bereits im Alter von 32 Jahren Mathe-Professor an der Universität Halle – wird durch sein persönlich tragisches Schicksal überschattet. Bereits als junger Mann litt er unter Depressionen und Wahnvorstellungen. Zeitgenossen sahen in seiner als Hobby betriebenen Suche nach der wahren Identität Shakespeares eine Art Geisteskrankheit. Ihrem großen Mitbürger zur Erinnerung spendierte sich die Stadt Halle zu ihrem 1.200-jährigen Stadtjubiläum 2006 eine Oper über Cantors Leben.

Ein Schustersohn aus Stendal veränderte das Bild über die Antike.

 Intelligente Frauen haben es an der Uni Halle leicher.

Johann Joachim Winckelmann (1717–1768) aus Stendal ist der Begründer der wissenschaftlichen Archäologie und der Kunstgeschichte. Bis heute prägen seine bedeutenden Arbeiten unser Bild über das alte Griechenland und das Römische Reich. Allerdings gehört zu seinem Erbe auch der allgemein verbreitete Irrglaube, griechische Plastiken seien alle strahlend weiß gewesen. In Wahrheit waren sie quietschebunt. Winckelmann war außerdem Chef der römischen Altertümer und Leiter der Vatikanbibliothek. Unter äußerst mysteriösen Umständen endete das Leben des Stendalers in einem Hotel in Triest. Dort fand man ihn durch sieben Messerstiche ermordet.

Gertrud Schubart-Fikentscher (1896–1985) wurde 1948 zur ersten Jura-Professorin im deutschsprachigen Raum berufen. An der Universität Halle übernahm sie den Lehrstuhl für „Bürgerliches Recht und Deutsche Rechtsgeschichte". Für die damals konservative Juristen-Welt eine echte Revolution. Mit der Anerkennung von Frauen im akademischen Betrieb kennt sich die Uni Halle lange aus. Sie war es auch, die als Erstes einer Frau den Doktortitel in Medizin verlieh. 1755 promovierte Dorothea Christiane Erxleben (1715–1762) mit Sondergenehmigung. 144 Jahre bevor das im Deutschen Reich allgemein möglich wurde.

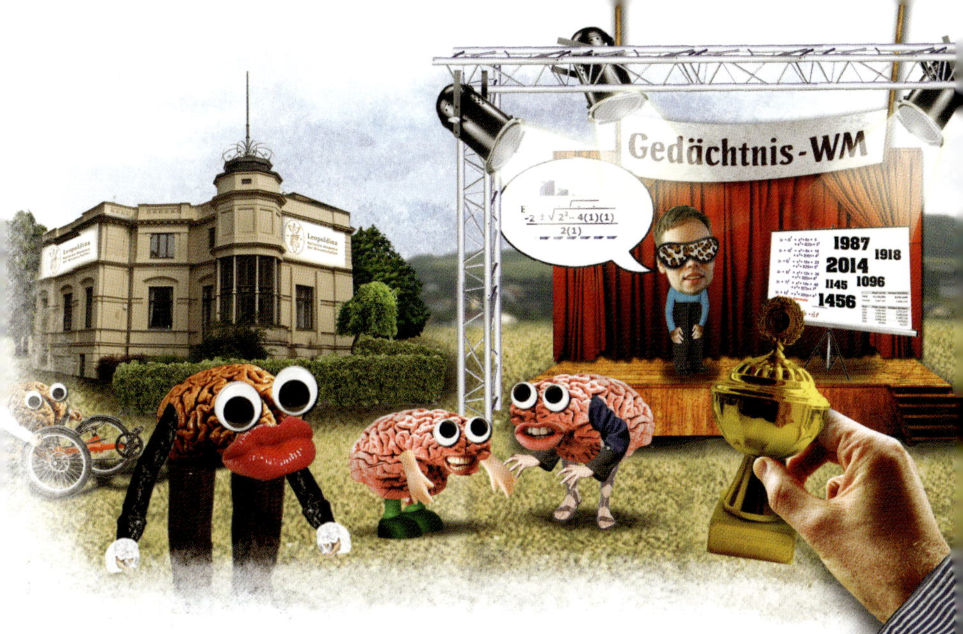

6 Deutschlands ältester Superhirn-Club residiert in Sachsen-Anhalt.

Die Leopoldina, die in Halle ihren Sitz hat, ist die älteste naturwissenschaftliche Gesellschaft Deutschlands und die älteste durchgehend existierende Naturforscher-Akademie der Welt. Seit 2008 trägt sie voller Stolz den Titel „Nationale Akademie der Wissenschaften". Gegründet wurde die Institution, in der regelmäßig die klügsten Köpfe aller Wissenschaftsbereiche zusammenkommen, 1652 im bayrischen Schweinfurt. 1878 verlegte sie ihren Sitz in die Saalestadt. Dort verblieb er auch zu DDR-Zeiten. Gerade während der Ost-West-Teilung ermöglichte die Leopoldina einen zwanglosen Gedankenaustauch zwischen Wissenschaftlern der sich politisch konträr gegenüberstehenden Machtblöcke. Zu den bisher rund 7.000 Mitgliedern zählten solche Koryphäen wie Albert Einstein, Charles Darwin, Alexander von Humboldt, Max Planck und Marie Curie. Im Moment hat die Vereinigung 1.400 Mitglieder aus 30 Nationen.

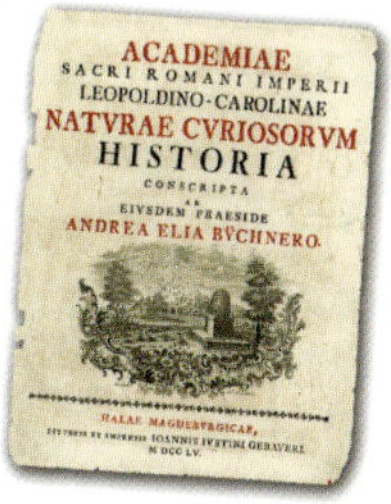
ACADEMIAE
SACRI ROMANI IMPERII
LEOPOLDINO-CAROLINAE
NATVRAE CVRIOSORVM
HISTORIA
CONSCRIPTA
AB
EIVSDEM PRAESIDE
ANDREA ELIA BVCHNERO.
HALAE MAGDEBVRGICAE,
M DCC LV.

7 In Magdeburg wohnt jemand, der so schnell nichts vergisst.

Johannes Mallow, geboren 1981, ist der beste Gedächtnissportler der Welt. Allein 2011 stellte er vier Weltrekorde auf. In Heilbronn merkte er sich innerhalb von 15 Minuten 385 abstrakte Bilder und innerhalb einer halben Stunde 1.320 Ziffern. Jeweils fünf Minuten brauchte er in Göteborg für 132 historische Daten und in seiner Heimatstadt Magdeburg für 420 Ziffern. Natürlich behauptet Mallow das nicht einfach, sondern stellt seine unglaubliche Fähigkeit bei Wettbewerben unter Beweis. Da wird frisch memorierter Stoff sofort abgefragt. Er selbst ist übrigens nicht der Meinung, dass für so viel Merkstärke eine besondere Begabung nötig ist. An der Volkshochschule in Magdeburg gibt Mallow Kurse, die die Gedächtnisleistung enorm steigern können. Kleiner Test für aufmerksame Leser: Wissen Sie noch, wie der Köthener Karnevalsgruß heißt? Na? Nicht schummeln! ... Und? ... Die Lösung steht auf Seite 46.

Theater

Weil Sachsen-Anhalt früher aus kleinen Kleinstaaten und allerkleinsten Kleinststaaten bestand, deren Herrscher alle ein Theater wollten, gibt es in der Region besonders viele.

 Die Theaterlandschaft Sachsen-Anhalts ist (noch) äußerst bunt.

In Sachsen-Anhalt existieren elf öffentliche Bühnen in sieben Städten. Pro Jahr ziehen sie 920.000 Besucher an. Hinzu kommen rund 20 private Theatergruppen. Die großen Häuser stehen vor allem seit der Wende unter starkem Finanzierungsdruck. Einige mussten ihre Ensembles komplett entlassen.

 Das Theater in Bad Lauchstädt hatte einen berühmten Intendanten.

Die Kurstadt im Saalekreis kann sich damit brüsten, eines der ältesten Theater Deutschlands, das im Originalzustand genutzt wird, zu betreiben. Eröffnet wurde die Bühne im Juni 1802. Erster Intendant war der Dichterfürst Johann Wolfgang von Goethe. Der beteiligte sich sogar mit 6.000 Talern am Bau.

In Halle war Theaterspielen 35 Jahre lang verboten.

Zwischen 1771 und 1806 mussten in der Saalestadt alle Theater- und Opernbühnen schließen. Im Ort herrschten Pietisten, eine radikale evangelische Strömung, die im Schauspiel Gotteslästerung sah. Die Hallenser scherten sich nicht um das Verbot und ihr Seelenheil – sie zogen einfach vor die Stadtmauer, um sich dort prächtig zu amüsieren.

Die Freilichtbühne in Thale ist eine der ältesten Deutschlands.

Sie wurde im Jahr 1903 als Bergtheater für germanische Weihespiele eröffnet. Ihr Gründer, der Schriftsteller Ernst Wachler (1871–1945), war ein echter Unsympath – antisemitisch und nationalistisch. Heute sind die Thaler Theatermacher weltoffen: Neben Opern und Operetten stehen vor allem Musicals auf dem Spielplan.

Die Magdeburger Stadthalle entstand fürs Theater.

Für die „Deutsche Theaterausstellung 1927" wurde der massive Backsteinbau errichtet. Er gilt bis heute als eindrucksvolles Beispiel für die Architektur des „Neuen Bauens". Während des Zweiten Weltkrieges nahezu zerstört, öffnete die Stadthalle 1966 wieder ihre Pforten für die Magdeburger und ihre Gäste.

Dessau ist die theaterverrückteste Stadt der Region.

Ab 1798 entstand dort ein Theater für etwa 1.200 Zuschauer – obwohl damals nur 7.800 Menschen in der Stadt lebten. Geradezu revolutionär war das Sitzkonzept: Die gesellschaftlichen Schichten Adel, Bürgertum und Volk mischten sich im Saal völlig frei. Bauherr Fürst Leopold III. Friedrich Franz (1740–1817), verzichtete auf die übliche Extra-Loge. Er ging sogar noch weiter, indem er seinen Platz Hofangestellten überließ, wenn er selbst nicht anwesend war. Überall anders undenkbar. Der heutige Monumentalbau des Anhaltischen Theaters, der über die größte Drehbühne Deutschlands verfügt, wurde 1938 mit einem pompösen nationalsozialistischen Spektakel eröffnet, bei dem Adolf Hitler und Joseph Goebbels Ehrengäste waren.

Trachten

Unter Trachten verstehen die meisten traditionsbewusste Kleider von Land-bewohnern – doch auch in Städten gibt es natürlich althergebrachte Klamotten.

 Historisch gesehen ist Sachsen-Anhalt ein trachtenarmes Land.

Die Ursache dafür ist relativ einfach zu benennen: Für einfache Landarbeiter waren aufwendig gearbeitete Trachten schlichtweg unerschwinglich. Da es bis zum Anfang des 19. Jahrhunderts kaum freie und vermögende Bauern in der Region gab, konnte sich kaum ein traditioneller Trachtenstil entwickeln.

 In der Magdeburger Börde wollte man keine Trachten tragen.

Die Börde war eine der ersten Regionen Deutschlands, in denen die kurzlebige Tradition des Tragens bäuerlicher Trach-ten ganz aufhörte. Vermögend geworden durch den Zuckerrübenanbau, konnten sich Großbauern teure Mode-Kleidung leisten und zogen sich deshalb genauso an wie großbürgerliche Stadtmenschen.

Städtische Trachten entstanden meist nicht freiwillig.

Sie waren Folge strenger Polizeigsetze, die genau vorschrieben, welche soziale Gruppe was tragen durfte. Ein Magdeburger Gesetz von 1544 verbot beispielsweise dem einfachen Volk das Tragen von Samt- und Seidenstoffen. „Wilden Frauen" war sogar das Tragen von grauen Mützen und Schmuck untersagt – selbst bei sich zu Hause.

 ### Regionale Festtagskleider gehören ebenfalls zur Trachtentradition.

Bei ihnen wird der Modewandel besonders deutlich. So trugen beispielsweise bei Hochzeiten in der Altmark alle Frauen schwarze Kleider – sogar (oder erst recht?) die Braut. Noch vor rund 100 Jahren wurde diese Tradition strikt eingehalten, bis sich – angeregt durch die Massenmedien und den darin propagierten Modestil – Weiß durchsetzte.

 ### Die Festtagstracht der Halloren steckt voller Symbolkraft.

An der Tracht der Salzarbeiter befinden sich genau 18 – meist auf Hochglanz polierte – Silberknöpfe. Jeder einzelne steht für eine genau definierte Position innerhalb der Bruderschaft. Vom Salzgraf über Platzknecht und Siedemeister hin zu Leichenträger, Beitelhärre und Fischerstecher. Nur der letzte Knopf steht nicht für eine Tätigkeit – „där kraucht unter de Hosenborte"! Entstanden ist die Festtagstracht im 18. Jahrhundert. Sie sorgte der Legende nach bei ihrer Einführung für mächtigen Zoff. Einige hallesche Adlige beschwerten sich aufgeregt beim Landesherren, dass diese Art der Kleidung für das gemeine Arbeitsvolk viel zu prächtig sei. Doch der König winkte ab und fragte spitz zurück, ob die feinen Herren keine anderen Probleme hätten.

Unstrut-Region

Seit über 1.000 Jahren wird an Saale und Unstrut Wein angebaut. Heute ist Freyburg die unbestrittene Sekthauptstadt Deutschlands.

❶ Der Name „Unstrut" sagt eigentlich schon alles aus.

Die Unstrut war nur rund 180 Jahre gänzlich schiffbar. Seit 1795 konnten Boote mehr oder weniger ungehindert passieren. Dafür wurden unzählige Schleusen und Wehre errichtet. Mit dem Aufkommen der Eisenbahn nahm die Bedeutung des Transportweges wenig später wieder ab. Doch erst 1974 endete die durchgehende Schifffahrt auf der Unstrut völlig. Die zuständigen Behörden ließen das Freyburger Wehr zerstören. Damit wurde der Fluss – sicherlich unbewusst – wieder der ursprünglichen Bedeutung seines Namens gerecht. „Unstrut" kommt aus dem altgermanischen und heißt so viel wie „starkes Sumpfdickicht" – dem soll es aber wieder an den Kragen gehen. Bootsfreunde und Freizeitkapitäne träumen von der Wiederherstellung der einst über 70 Kilometer langen Fahrt durch traumhafte Landschaften.

Ohne Sandstein aus Nebra sähe es in Deutschland weniger schön aus.

Die Fassaden vieler berühmter Bauwerke bestehen aus Nebraer Sandstein. Sehr gerne bedienten sich die Berliner. Das Brandenburger Tor und den Reichstag errichteten sie aus dem begehrten Stoff. Auch die Hamburger Börse wollte nicht auf ihn verzichten. Abgebaut wird der Sandstein bereits seit über 840 Jahren. Nicht nur seine ästhetische Qualität führte zur weiten Verbreitung – die günstige Lage des Steinbruchs an der Unstrut vereinfachte den Transport deutlich. Übers Wasser ging es in die Metropolen.

Das Triasland lädt zu einer aufregenden Reise in der Zeitmaschine ein.

Im Geopark Saale-Unstrut-Triasland, der sich rund um die Orte Memleben, Bad Kösen und Eckartsberga erstreckt, lässt sich eine eindrucksvolle Reise durch 250 Millionen Jahre Erdgeschichte unternehmen. In kaum einer anderen Region Deutschlands sind die verschiedenen Gesteinsschichten der Epochen so deutlich sichtbar wie dort. Und wer seinen Blick zwischendurch von Steinen lösen möchte: Die Region bietet eine enorme Vielfalt lebendiger Tiere. Genau 189 Vogel- und 43 Säugetierarten tummeln sich im Triasland.

Unter ihrer Oberfläche ist die Zeitzer Altstadt löchrig wie ein Schweizer Käse.

Das liegt an der ausgedehnten Katakombenanlage, die ab dem 14. Jahrhundert entstand. Die teilweise bis zu drei Etagen tiefen Keller sind durch ein rund neun Kilometer langes Tunnelsystem verbunden. Sie dienten nicht wie die römischen Katakomben als Verstecke und Friedhöfe, aber einem ebenso wichtigen Zweck: das Bier zu kühlen.

5 Zeitz war Deutschlands Klavierbauzentrum Nummer eins.

Bis ins 20. Jahrhundert produzierte fast die Hälfte aller deutschen Klaviermanufakturen in der Stadt. Die Firmenliste ist lang, ebenso die prominenter Kunden. So baute das Unternehmen „Hölling & Spangenberg" 1843 ein Klavier nach exklusiven Entwürfen Richard Wagners, der es seinem Förderer, dem bayerischen König Ludwig II., schenkte. Ein Klavier der Zeitzer Firma „Hupfer" begründete 1999 die Städtepartnerschaft mit der japanischen Gemeinde Tosu. Das alte Instrument stand ab 1930 in einer Grundschule und gilt den Japanern als Symbol für die Schrecken des Zweiten Weltkrieges. Bevor sich eine Gruppe ehemaliger Schüler als Kamikaze-Piloten meldete, wollten sie unbedingt auf diesem Klavier noch einmal die „Mondscheinsonate" hören. In Erinnerung daran baute man für den Flügel einen Konzertsaal, in dem jedes Jahr ein „Hupfer"-Wettbewerb stattfindet.

6 Ein kleines Biest erledigte eine jahrhundertealte Kulturlandschaft.

Das Jahr 1887 brachte den Winzern an Saale und Unstrut die allseits befürchtete Katastrophe, von der sie bis zuletzt gehofft hatten, sie würden von ihr verschont: Viteus vitifoliae erreichte das historische Weinbaugebiet. Hinter dem lateinischen Namen verbirgt sich die kleinste größte Nervensäge der Weinwelt – die Reblaus. Eingeschleppt aus Amerika, trat sie ihren Vernichtungsfeldzug in den 1860er Jahren in Südfrankreich an, 1874 wurde sie erstmals in Deutschland verhaltensauffällig. Sachsen-Anhalts Weinbauregion brockte sie eine der größten Wirtschaftskatastrophen in 1.000 Jahren ein. Die Gegend wurde zum ersten deutschen Reblausseuchengebiet erklärt. Innerhalb kurzer Zeit vernichtete die Laus von 1.000 Hektar Weinanbaufläche 900. Ein Schlag, von dem sich die Winzer bis heute nur mühsam erholen.

7 **Weißenfels ist für viele Frauen so etwas wie das Paradies auf Erden.**

Hintergrund für diese wissenschaftlich wenig fundierte Macho-Analyse: Das örtliche Schuhmuseum beherbergt rund 5.000 Paar Schuhe aus aller Welt. Damit ist die Sammlung der größte Schuhhaufen Ostdeutschlands. Auch Prominente schickten ihre alten Latschen nach Weißenfels, beispielsweise Helmut Kohl, Georg W. Bush und Nina Hagen. Der Museumsstandort ist beileibe kein Zufall. Über 100 Jahre war die Stadt ein Zentrum der deutschen Schuhindustrie. Zu DDR-Zeiten liefen hier 75 Prozent aller Schuhwaren des Landes vom Band. Im Kombinat „Banner des Friedens" arbeiteten rund 6.000 Menschen. Auch die bekannte Traditionsmarke Salamander ließ hier gegen harte Devisen fleißig nähen, hämmern und kleben. Nach der Wende blieb von der einstigen Größe nur wenig, Schuhe werden nun sehr viel günstiger und unter schlechteren sozialen Bedingungen in Asien produziert.

Unternehmer

Für die Gründung seiner eigenen Firma benötigt man Tatkraft, Mut und eine gute Idee. An diesem Unternehmergeist fehlte es den Menschen in Sachsen-Anhalt noch nie.

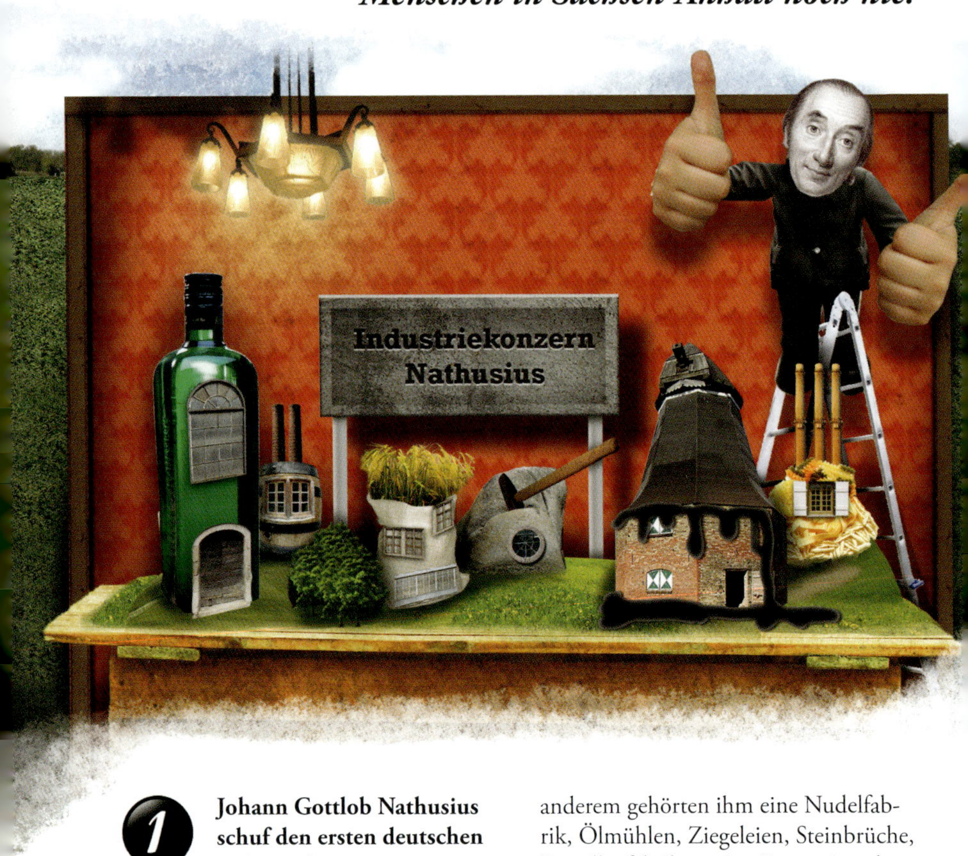

 Johann Gottlob Nathusius schuf den ersten deutschen Industriekonzern.

Angesiedelt war das Unternehmen vor allem in Magdeburg und Haldensleben. Zum Imperium von Johann Gottlob Nathusius (1760–1835), der aus bescheidenen Verhältnissen stammte und sich alles selbst erarbeitete, zählten rund 30 Fabriken, die in unterschiedlichen Wirtschaftsbereichen tätig waren. Unter anderem gehörten ihm eine Nudelfabrik, Ölmühlen, Ziegeleien, Steinbrüche, Porzellanfabriken, eine Brauerei und eine Schnapsbrennerei. Grundlage des Aufstiegs war die Magdeburger Tabakfabrik, die Nathusius 1786 gründete. Aus ganz Europa kam Rohtabak in die Elbestadt und wurde dort zu begehrten Zigarren verarbeitet. Besonders in der Zeit des Tabakmonopols ein äußerst einträgliches Geschäft. Die Tabakfirma bestand bis 1950.

Ein Apotheker baute aus Abfall ein Unternehmen auf und wurde reich.

Deutschlands erste Chemiefabrik wurde 1797 vom Apotheker Karl Samuel Leberecht Hermann (1765–1846) in Schönebeck gründete. In ihr machte er aus Abfall ein Vermögen. Hermanns blendene Idee: In den nicht verwerteten Überresten aus der Salzproduktion der Schönebecker Saline steckt Potential, wenn daraus weitere chemische Produkte gewonnen werden. Da Hermann kein Kapital besaß, bat er den preußischen König untertänigst, ihm die Abfälle zu schenken. Hoheit willigte für zwei Jahre ein und der findige Apotheker produzierte nun Soda, Bittersalz und Salzsäure. Ein kometenhafter Aufstieg – auch zum Nutzen der Staatskasse. Bleibenden Ruhm verdiente sich Hermann zudem mit der Entdeckung des chemischen Elementes Cadmium.

August Herrmann Francke war gleichzeitig Gottes- und Geschäftsmann.

Der berühmte Bildungsreformer und Philanthrop August Herrmann Francke (1663–1727) war – das wird bei seinen vielen Verdiensten häufig vergessen – ein äußerst cleverer Unternehmer. Der strenggläubige Pietist betrachtete unternehmerische Betätigungen als Gottesauftrag. Seine karitativ ausgerichteten Franckeschen Stiftungen in Halle wirtschafteten daher als global agierende Firma. Sie verfügte unter anderem über Druckereien und Buchläden in ganz Europa. Die „Cansteinsche Bibelanstalt", die Francke 1710 zusammen mit Carl Hildebrand Freiherr von Canstein (1667–1719) gründete, ist nicht nur als älteste Bibelgesellschaft der Welt von Bedeutung. Sie veränderte das Verlagswesen und das Druckgeschäft grundlegend. Das Ziel der Firma war die Herstellung und der Vertrieb preiswerter Bibelausgaben. Um das zu erreichen, traf Francke eine revolutionäre unternehmerische Entscheidung: Er führte den sogenannten „Stehsatz" ein. War es zuvor üblich, Buchseiten jedes mal neu zu setzen, ließ Francke die Seiten komplett. Das war im ersten Moment teuer, da für 1.300 Bibelseiten jede Menge Bleibuchstaben gekauft werden mussten – letztlich sparte es Unsummen an Zeit und Geld. Hohe Einnahmen erzielte Francke auch als Pharmaunternehmer. Die Medikamente wurden in Europa, Russland und sogar in Nordamerika verkauft. Alle Gewinne seiner Unternehmungen gingen in die Missionierung und in Wohlfahrtsprojekte.

Die unternehmerische Tätigkeit von Hermann Gruson begann mit Pech.

Der Magdeburger Hermann Gruson (1821–1895) arbeitete sich ab 1855 zum deutschen Eisenkönig hoch. Dabei stand der Beginn unter keinem guten Stern. Kurz nach der Gründung einer kleinen Bootswerft am Elbufer gab es eine Wirtschaftskrise. Niemand brauchte Schiffe. Grusons Glück im Unglück: Zu seinem Betrieb gehörte eine kleine Eisengießerei. In ihr entwickelte er durch Beimengungen eine besonders stabile Gusseisen-Variante. In der boomenden Eisenbahnindustrie stieß die Neuentwicklung auf helle Begeisterung. Sowohl Schienen als auch Räder wurden in Magdeburg fortan im Akkord hergestellt. Neben diesen zivilen Gütern stellte Gruson aber auch jede Menge Militärtechnik her. Er betrieb bei Tangerhütte sogar einen eigenen zehn Kilometer langen Schießstand. Neben Krupp, der Grusons Unternehmen noch zu dessen Lebzeiten übernahm, gehörten die Magdeburger zu den Waffenschmieden des Kaiserreiches – ein starker Kontrast zu Grusons persönlichem Interesse an der Botanik. An die liebevolle Beschäftigung mit Pflanzen aller Kontinente erinnern bis heute die Grusonschen Gewächshäuser in der Landeshauptstadt.

⑤ Dosenwürstchen aus Halberstadt sind ein internationaler Erfolg.

Schließlich wurden sie dort erfunden. Die schlaue Idee kam dem Fleischer Friedrich Heine (1863–1929). Bereits 1891 hatte er auf einer regionalen Kochausstellung für große Augen und offene Münder gesorgt, als er der staunenden Menge eine 36 Meter lange Bockwurst präsentierte. Durch solche geschickten Werbeaktionen verbreitete sich der Ruf über die hervorragende Qualität seiner Würstchen über Halberstadt hinaus. 1896 erhielt Heine daher den lukrativen Auftrag zur Eröffnung des Kyffhäuser-Denkmals 40.000 Paar Bockwürste zu liefern. Um die Wurstmassen haltbar zu machen, füllte er sie in Dosen ab. Eine weise Entscheidung: Wegen eines Unwetters platzte das Geschäft am Kyffhäuser. Die Würstchen brauchte der pfiffige Fleischer trotzdem nicht entsorgen.

⑥ Starke Unternehmer treffen auf starke Gewerkschaften.

Im heutigen Sachsen-Anhalt, einer Kernregion der frühen Industrialisierung, bildete sich schnell eine Gewerkschaftsbewegung heraus, die die Interessen der teilweise unter härtesten Bedingungen schuftenden Arbeiter vertrat. Insbesondere Halle ist eng mit den Gewerkschaften und der SPD verbunden. Im Herbst 1890 fiel dort der historische Beschluss, den 1. Mai zum Kampftag der deutschen Arbeiter zu machen. Auf einem Parteitag in der Saalestadt beschloss die SPD einen jährlich wiederkehrenden Streiktag. Die Genossen zeigten sich aber kompromissbereit. Nur in wirtschaftlich starken Betrieben sollte gestreikt werden. In allen anderen wurden Umzüge und Feste auf den nächsten Sonntag verschoben.

Wappen

Orte, die etwas auf sich halten, führen ein Wappen. Das ist auch in Sachsen-Anhalt so. Nach den zahlreichen Gebietsreformen sind die meisten jedoch jüngeren Datums.

Der Bär hat's schwer – erst recht in vielen Wappen des Landes.

Nach der Wiedergründung Sachsen-Anhalts kam es 1990 zu einem handfesten Streit über das neue Landeswappen. Das alte Emblem, das zwischen 1947 und 1952 diente, wollten nur die wenigsten zurück. Mit Hammer und Korn geziert, galt es als viel zu sozialistisch. Der neue Ministerpräsident Gert Gies schlug daraufhin eines mit einem überdimensionierten preußischen Adler vor. Gegen die Idee des Politikers aus der Altmark liefen die Anhalter Sturm. Im Landtag kam es zu hitzigen Debatten. Schließlich schrumpfte der Adler und schuf so auch Platz für den Anhalter Bären. Auf kommunaler Ebene ist das Duell „Adler versus Bär" mittlerweile ganz eindeutig entschieden. In der Disziplin Gemeindewappen gewinnt mit weitem Abstand der Preußen-Adler. Er prangt heute in 37 Wappen, während es der Bär gerade mal auf 14 bringt.

In den Gemeindewappen ist ein ganzer Heimat-Tiergarten versteckt.

Rund fünfzig heimische Tierarten tummeln sich in ihnen. Am häufigsten sind Fische (45), Hirsche (20), Pferde und Lämmer (je 15). Komplett aus der Art fallen ein Affe im Apenburger Wappen und ein Dromedar im Wappen von Vinzelberg. Zumindest für das Dromedar gibt es eine plausible Erklärung: Im Stammbaum der früheren Herren des Ortes, der Familie von Kröcher, soll es Kreuzritter gegeben haben. Die benahmen sich in einer Wüste heldenhaft und retteten eine Frau.

 Zwei Ortswappen nutzen ein „verfassungsfeindliches" Symbol.

Im Hadmerslebener und im Halberstädter Wappen ist jeweils eine sogenannte Wolfsangel abgebildet. Weil bundesdeutsche Neo-Nazi-Organisationen in den 80er Jahren das mittelalterliche Jagdsymbol für Propagandazwecke missbrauchten, ist die isolierte Verwendung per Gerichtsurteil verboten. Als Kennzeichen verfassungswidriger Organisationen steht es auf einer Verbotsliste. Einzige erlaubte Ausnahme: in alten Stadtwappen, wie denen von Halberstadt und Hadmersleben.

 Merseburg und Schraplau wetteifern um das brutalste Stadtwappen.

Beide zeigen einen abgeschlagenen Kopf. Die Merseburger präsentieren ihn auf einem Teller – mit Zunge drin. Die Schraplauer – Zunge draußen – bieten gleich noch Henker samt Schwert. Was nach Horrorfilm ausschaut, stammt aus dem Bilderfundus christlicher Leitkultur. Der abgeschlagene Kopf saß zuvor auf den Schultern Johannes des Täufers.

 Ein Magdeburger ist der beschäftigste Wappengestalter Ostdeutschlands.

Jörg Mantzsch entwarf schon mehr als 300 Wappen, von A wie Alsleben bis Z wie Zeitz. Die Schaffung eines Wappens ist beileibe keine Akkord-Arbeit. Sie verlangt gründliche Recherchen und eine heraldisch korrekte Umsetzung. Arbeit geht dem Heraldiker sicherlich nicht so schnell aus: Mit jeder Gebietsreform gibt es Bedarf für neue Wappen.

Weihnachten

Der Weihnachtsstollen und das Christkind sind Erfindungen aus Sachsen-Anhalt. Im Land gibt es aber noch mehr Traditionen, die die besinnliche Jahreszeit bereichern.

Der Weihnachtsmann ist Sachsen-Anhalter – zumindest ein bisschen.

Die ursprüngliche deutsche Tradition des „Knecht Ruprecht", der an Heiligabend durch die Gegend läuft, um Strafen und Geschenke zu verteilen, geht auf die Legende vom Priester Ruprecht aus Cölbigk zurück. Im Jahr 1021 wurde er bei der Weihnachtsmesse durch eine lärmende Gruppe Bauern gestört. Die erdreisteten sich doch tatsächlich, anstatt brav in der Kirche Ruprechts Predigt zu folgen, vor dem Gotteshaus zu lauter Musik zu tanzen. Unmöglich! Also verfluchte der Gottesmann die Rüpel zu einer ebenso bösen Strafe: Ein Jahr tanzten sie ohne Pause. Aus der Geschichte vom „Tanzwunder" entwickelte sich später der Brauch vom Knecht Ruprecht, der Böses bestraft.

2 **Im Südharz ist zu Weihnachten traditionell das Betteln angesagt.**

Am 3. Weihnachtsfeiertag – ja, liebe Arbeitnehmer, den gab es wirklich mal – zogen früher Gruppen junger Männer durch die Dörfer. Zuvor wickelten sie einen von sich in Stroh ein und dekorierten ihn als Bär. Die „Erbsbär"-Maskerade wurde von viel Lärm und der einen oder anderen alkoholischen Wegzehrung begleitet. Gemeinsam zogen die Jungs von Haus zu Haus, um Essen zu erbetteln. Dieser Heische-Brauch ist auch in anderen Regionen des Landes bekannt, findet dort aber meist zu Ostern oder Pfingsten statt.

 3 **Die Altmärker verzichteten früher auf den Besuch des Weihnachtsmanns.**

Kinder in Sachsen-Anhalts nördlichstem Landstrich mussten trotzdem nicht auf ihre Geschenke verzichten. Die brachte ihnen der Burenklaas. Eine echt tolle Sache, denn Klaas war sogar ein bisschen fixer bei der Sache als der alte weißbärtige Mann im roten Zwirn. Die Gaben trudelten bereits vor dem 24. Dezember ein. Die Tradition geht wahrscheinlich auf holländische Zuwanderer in der Region zurück. In den Niederlanden ist sie bis heute üblich. Nur heißt die Figur dort nicht Burenklaas, sondern Sinterklaas.

 4 **In der Börde schmückte man zu Weihnachten die Wohnung mit Schilf.**

Sehr verbreitet waren die sogenannten „Binsenvögel". Sie wurden aus Schilfblättern gebastelt und anschließend an langen Fäden über dem Ofen aufgehangen. Der gewünschte Effekt setzt im warmen Luftstrom ein: Die gebundenen Schönheiten tanzen anmutig.

 5 **Der „Heele Christ"-Markt in Bernburg ist etwas ganz Besonderes.**

Der Weihnachtsmarkt ist der älteste Markt in Anhalt und der einzige mit diesem Namen. Seine Tradition reicht bis an die Zeiten des „Tanzwunders von Cölbigk" zurück und ist direkt mit den daraus resultierenden Wallfahrten in die Nachbargemeinde verbunden.

Zirkus & Rummel

Menschen, Tiere, Sensationen: Im Zirkus und auf dem Rummel gibt es jede Menge zum Sehen, Staunen und – wenn man es denn unbedingt möchte – Mitmachen.

Havelberger Pferdemarkt

 Magdeburgs Herbstmesse ist das älteste Volksfest der Bundesrepublik.

Sie findet seit über 1.000 Jahren jedes Jahr im September statt. Der Name „Messe" kommt nicht von ungefähr. Er verweist auf die kirchliche Entstehungsgeschichte. Bischof Tagino führte den Jahrmarkt 1010 zur Erinnerung an den angeblichen Märtyrertod einer römischen Legionärstruppe ein. Bis Mitte der 1970er Jahre fand der Rummel fast ununterbrochen auf dem Domplatz statt, heute ist die Elbinsel Standort.

 Der Eisleber Wiesenmarkt ist das größte Volksfest Mitteldeutschlands.

Jedes Jahr kommen eine halbe Millionen Besucher – in nur 4 Tagen! Sie werden vor allem von den rund 100 Fahrgeschäften auf den 3,5 Kilometer langen Rummel-Parcours gelockt. Die „Wiese" hat eine stolze und lange Tradition. Ihren Anfang nahm sie mit einem Privileg Kaiser Karl V. (1500–1558). Auf einem Reichstag in Worms gewährte er im Jahr 1521 den Grafen von Mansfeld das Abhalten eines jährlichen Ochsenmarktes.

Beim Havelberger Pferdemarkt wechseln viele Dinge ihren „Besitzer".

Obwohl es natürlich Achterbahnen und Losbuden gibt, steht seit 260 Jahren der Pferdehandel im Mittelpunkt. Noch immer warten jedes Jahr 500 Pferde auf neue Besitzer. Früher warteten auch Menschen – der Pferdemarkt war nämlich gleichzeitig ein Hochzeitsmarkt.

Magdeburg war eine der bedeutendsten Zirkusstädte Europas.

1896 entstand dort der erste feste Zirkusrundbau Deutschlands. Er befand sich auf dem heutigen Universitätsplatz, in der Nähe des Opernhauses. Der Vergnügungstempel bot 2.500 Zuschauern Platz. Im Zweiten Weltkrieg schwer beschädigt, wurde er später abgerissen.

Alle Jahre wieder kommt der Zirkus „Probst" nach Staßfurt.

Kein Wunder, denn dort hat das Unternehmen, übrigens eines der größten Deutschlands, sein Hauptquartier. Seit über 50 Jahren überwintern Tiere und Artisten in der Bodestadt.

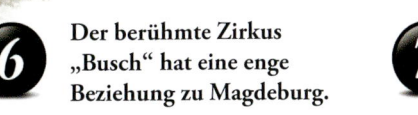

Der berühmte Zirkus „Busch" hat eine enge Beziehung zu Magdeburg.

Nach seiner Verstaatlichung im Jahr 1952 führte die Stadt Magdeburg den Zirkus „Busch" als ein kommunales Unternehmen und ließ ihn durch die DDR touren. 1960 wurde er Bestandteil des neu gegründeten „VEB Zentral-Zirkus". Der Name des Volkseigenen Betriebes klingt nicht nur für heutige Ohren arg seltsam. Zu noch mehr Namenswitzen führte jedoch die Umbenennung von 1981 in „VEB Staatszirkus der DDR".

Im Magdeburger Zirkusmuseum werden große Stars geehrt.

2008 öffnete in Magdeburg ein Zirkusmuseum. Über 10.000 Exponate lassen Zirkusluft schnuppern und erinnern an berühmte Artisten. Zum Beispiel an den Magdeburger Zirkusstar Billy Jenkins. Er war in den 30er bis 60er Jahre auch Held vieler Wild-West-Romane. 2011 bekam die Magdeburger Schau wertvollen Zuwachs: eine umfangreiche Sammlung aus Preetz; dabei sogar ein Kostüm der berühmten Tänzerin Josphine Baker.

Zucker

Schokolade aus Halle, Baumkuchen aus Salzwedel – Sachsen-Anhalt ist echt süß. Der Stoff, aus dem die Träume sind, stammt selbstredend aus dem Land.

Zuckerrüben brachten großen Wohlstand ins Land.

Im 19. Jahrhundert war die äußerlich unscheinbare Frucht der entscheidende Motor der Wirtschaftsentwicklung im heutigen Sachsen-Anhalt. Mit dem Anbau der Pflanze und der Produktion des „weißen Goldes" wurde extrem viel verdient – und fast alle profitierten. Als Auslöser der Entwicklung gilt eine vom französischen Kaiser Napoleon (1769–1821) verhängte Kontinentalsperre.

Zwischen 1806 und 1814 gelangte deshalb nur noch sehr wenig und, wenn überhaupt, nur sehr teures Zuckerrohr aus Südamerika nach Europa. Das spornte die Suche nach einem süßem Ersatz an. Die Gewinnung von Zucker aus Rüben machte nicht nur Zuckerproduzenten vermögend – die ganze Region vollzog einen Strukturwandel. Der boomende Maschinenbau lieferte Geräte für Anbau und Verarbeitung, kleine Orte erhielten Eisenbahnanschlüsse. Auch die frühe und umfangreiche Elektrifizierung des Landes lag an der Zuckerindustrie.

❷ Erfolgreiche Züchter aus Sachsen-Anhalt brachten mehr Süße in die Rübe.

Im Land arbeiten schon immer die international wichtigsten Zuckerrüben-Züchter. Zum Beispiel in Klein-Wanzleben. Seit Mitte des 19. Jahrhunderts gehört man dort zur absoluten Weltspitze, was die Erschaffung neuer Sorten mit höherem Zuckergehalt betrifft. Matthias Christian Rabbethge (1804–1902) gründete im Ort einen kleinen Betrieb, der zur Keimzelle für einen der weltweit größten Saatgut-Konzerne, die KWS Saat AG, wurde. Wegen ihrer Überlegenheit war Rabbethges Zückerrüber-

sorte „Klein Wanzlebener Original" bald so beliebt, das um 1910 aus dem kleinen Bördedorf ein Drittel aller weltweit benötigten Rübensamen kam. Heute gilt diese Züchtung als Stammpflanze fast aller aktiv genutzten Sorten. Nach dem Zweiten Weltkrieg gingen Rabbethges Erben in die Bundesrepublik, um dort ein neues Unternehmen aufzubauen. Obwohl sie einen großen Teil des Know-Hows mitnahmen, wurde in Klein Wanzleben auch zu DDR-Zeiten erfolgreich geforscht. Nach der Wende fusionierten beide Standorte zu einem gemeinsamen Unternehmen. Wegen ihrer umfangreichen Gentechnikversuche, auch mit Zuckerrüben, steht KWS Saat heute teilweise unter starker Kritik.

3 Drei Zuckerfabriken produzieren täglich weißen Stoff.

Die Raffinerien hatten es – wie alle Zucker-Produktionsstätten der ehemaligen DDR – nach der Wende schwer. Das lag auch an den Zuckermarktregeln der Europäischen Gemeinschaft. Dass heute im Land drei Fabriken produzieren, ist daher ein großer Erfolg. Sie stehen in Könnern, Zeitz und Klein Wanzleben und gehören zu den größten und modernsten Deutschlands.

4 Zuckerrüben aus Sachsen-Anhalt landen auch im Autotank.

Nicht als Würfelzucker, sondern als Ethanol-Beimischung im sogenannten Bio-Kraftstoff E10. Das Ethanol aus Rüben wird unter anderem in Deutschlands größter Bioethanol-Raffinerie in Zeitz und in einer Anlage in Klein Wanzleben produziert. Sachsen-Anhalt liefert einen Großteil des Bio-Ethanols. Wegen des Welthungerproblems sehen Kritiker die Sache weniger positiv.

 5 **Eine Zucker- und Rübenroute zeigt die große Tradition.**

Die Zucker- und Rübenroute durch die Magdeburger Börde führt durch die süße Geschichte der Region. Dabei streift sie insgesamt 16 Orte, die eng mit dem Thema verbunden sind. Unter anderem Wanzleben, Osterweddingen, Magdeburg, Eggersdorf, Eigendorf, Hadmersleben, Ditfurt, Oschersleben, Colbitz, die Burg Ummendorf und das Gut Glüsing.

 6 **Neuerdings verkörpert ein Maskottchen den regionalen Zucker.**

Seit dem Sommer 2010 hat Zeitz ein Maskottchen, das die Region repräsentieren soll: die „Zeitzer Zucker-Susi". Die Kulturpädagogin Katja Hantschik ist die Erste, die sie verkörpert. Ihre Aufgaben sind relativ einfach zu beschreiben: Ziegelrotes, zerzaustes Zottelhaar zeigend zerrt sie zum Zeitzer Zuckerfest zärtlich Zuschauer zickzack zum Zentrum Zeitzer Zuckerbäckerei.

„Heimatkunde – Alles über Sachsen-Anhalt" basiert auf der
gleichnamigen Reihe im MDR-Fernsehmagazin SACHSEN-ANHALT HEUTE.

Die Fernsehreihe ist eine Produktion von Hypolux Film
im Auftrag des MDR LANDESFUNKHAUSES SACHSEN-ANHALT.
Idee, Buch, Regie, Sprecher: Heiko Kreft; Grafiken: Luis F. Masallera,
Jens-Uwe Grau; Animationen: Robert Wiesner; Schnitt: Peggy Andes;
Musik: Hagen Schulz-Zachow; Redaktion (MDR): Christian Buch,
Frank B. Butschek; Dank an: Wolf-Dietrich Balzereit (MDR)

www.mdr.de/sachsen-anhalt-heute
www.hypolux.de - www.robokid.tv
Die verwendeten statistischen Daten entsprechen
dem aktuellen Stand bei Redaktionsschluss im Januar 2012.

Die Deutsche Bibliothek verzeichnet diese Publikation in der Deutschen
Nationalbibliographie; detaillierte bibliographische Daten sind im Internet über
http://dnb.dbb.de abrufbar.

Alle Rechte vorbehalten. Reproduktionen, Speicherungen in Datenverarbeitungsanlagen,
Wiedergabe auf fotomechanischen, elektronischen oder ähnlichen Wegen, Vortrag und
Funk – auch auszugsweise – nur mit Genehmigung des Verlages.

© Hinstorff Verlag GmbH, Rostock 2012
www.hinstorff.de

© 2012 MITTELDEUTSCHER RUNDFUNK (MDR),
Lizenz durch TELEPOOL GmbH – Alle Rechte vorbehalten –

1. Auflage 2012

Herstellung
Hinstorff Verlag GmbH

Text
Heiko Kreft

Illustrationen
Luis F. Masallera

Lektorat
Thomas Gallien

Druck & Bindung
Neumann & Nürnberger, Leipzig
Printed in Germany

ISBN 978-3-356-01500-3

Weiterhin lieferbar –
Band 1 der Heimatkunde:

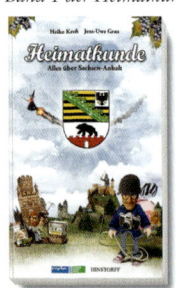